기품 있게 말버릇 바꾸기

AKARUI HANASHIKATA GA HITONO KOKORO WO TSUKAMU
by Saitoh Shigeta
Copyright©2005 by Saitoh Shigeta
All rights reserved.
Originally published in Japan by publisher Shinkosha CO.,Ltd. TOKYO
Korean translation rights arranged through TOHAN CORPORATION,
TOKYO and UNION AGENCY, SEOUL.

이 책의 한국어판 저작권은 UNION Agency와 Shinkosha Publishing Co를 통한
독점 계약으로 경성라인에 있습니다.
저작권법에 의해 한국 내에서 보호를 받는 저작물이므로
무단 전재와 무단 복제를 금합니다.

단숨에 인생을 바꾸는 대화기술

기품 있게

사이토 시게타 지음
강성욱 옮김

말버릇
바꾸기

경성라인

contents

머리말 · 11

Chapter 1
분위기를 읽고 사람의 마음을 사로잡는 방법

1. 말을 잘하는 사람은 화젯거리가 많다 · 16
2. '낯가림'을 극복하면 친근하게 말할 수 있다 · 18
3. 배려 있는 한마디와 무신경한 한마디 · 20
4. 이런 상황과 이런 화제는 금물이다 · 22
5. 상대와 호흡을 맞추면 좋은 대화가 시작된다 · 24
6. 거짓말을 적절히 구사하는 사람과
   너무 정직해서 실패하는 사람 · 26
7. 내성적인 사람에게 '쾌활해져라'라고 해서는 안 된다 · 28
8. 말이 많은 사람은 섬세한 일면이 있다 · 30
9. 말을 돌려서 하는 사람이 갑자기 화를 내는 경우가 있다 · 32
10. 허풍이 심한 사람은 멀리 해야 한다 · 34
11. 몸이 안 좋은 것을 한탄하는 사람은 남의 이목에 신경을 쓴다 · 36
12. 사람과의 교제가 서툰 사람도 대화를 원한다 · 38

♣ **언행의 지혜**
비판받을 때는 침묵하는 것이 좋은가,
         반박하는 것이 좋은가? · 40

Chapter 2
겸손한 자기 어필로 호감을 주는 사람

1. 대화중에 '당신은?' 을 잘 사용하는 사람 · 44
2. '고마워' 와 '덕분에' 라는 말로 자신을 나타낸다 · 47
3. 자신의 잘못을 인정하지 않는 사람은 같은 실패를 반복한다 · 49
4. 비밀이야기를 즐기는 사람은 자기보호 심리가 있다 · 51
5. '나는 상관없어' 라는 말은 인간관계를 얼어붙게 한다 · 53
6. 같은 자랑이야기를 반복하는 사람은 남들이 멀리한다 · 55
7. 항상 흥분한 상태의 사람은 자신도 모르는 사이 미움을 받는다 · 57
8. 감정이 풍부한 말투와 감정적인 말투 · 59
9. 헤어질 때의 한마디가 가슴속에 오래 남는다 · 61
10. '일상의 잡담' 이 인간관계를 호전시킨다 · 63
11. '말이 굼뜬 사람' 은 아직 어른이 아니다 · 65
12. 겸손한 말을 그대로 받아들여서는 안 된다 · 67

♣ **언행의 지혜**
속마음을 드러낼 것인가, 숨길 것인가? · 69

Chapter 3
밝은 부탁법과 거절법으로 스트레스를 극복한다

1. 강압적인 명령을 들었을 때의 기분 · 72
2. 부탁이 서툰 대부분의 원인은 설명부족이다 · 74
3. 부탁할 때 '금전문제'를 명확히 해야 한다 · 76
4. 득을 보는 부탁법과 득이 되지 않는 부탁법 · 78
5. 인간관계는 '거절방식'으로 결정된다 · 80
6. '예스'인지 '노'인지를 분명하게 말하지 않는 사람 · 82
7. 명랑하게 '노'라고 말하는 사람, 분위기를 어둡게 하는 사람 · 84
8. 서툰 부탁은 실패하므로, 솔직하게 부탁해야 한다 · 86
9. '모두'라는 말을 잘못 사용하면 반감을 살 수가 있다 · 88
10. '그만두세요.'로 반발하고, 구체적인 예로 설득한다 · 90
11. '쓴 약은 먹기 쉽게' 그리고 충고에는 칭찬을 덧붙인다 · 92

♣ 언행의 지혜
히스테릭하게 말하는 사람일수록 유망한 것인가? · 94

Chapter 4
잘 들어주는 사람은 말도 잘한다

1. 어색한 침묵은 누구의 탓인가? · 98
2. '왜'로 이야기는 고조되고 '어, 그래'로 이야기는 끝난다 · 100
3. 무성의한 답변 · 102
4. 사람의 말을 말 그대로 받아들이는 것은 어렵다 · 104
5. '응, 알았어.'라고 말하는 사람은 자기 식으로 해석해서 실패한다 · 107
6. 잘 듣는 사람은 말의 행간을 읽는다 · 110
7. 잘 듣는 사람이 되는 방법은 '부드럽게 받아들이는' 표정부터다 · 112
8. 다른 사람의 이야기를 끝까지 들어야 하는 이유 · 114
9. 소심한 사람의 말에 일일이 화를 내면 안 된다 · 116
10. 말허리 자르기와 앵무새 흉내는 좋은 인상을 주지 못한다 · 118
11. 의심하는 듯한 말투는 오히려 신용을 잃게 한다 · 120
12. 잘 들어주는 사람이 말을 잘하는 사람이 되는 이유 · 122

♣ 언행의 지혜
적당한 아부는 어엿한 어른의 증거인 것인가? · 124

Chapter 5
알기 쉬운 말투로 다른 사람에게 신뢰받기

1. 사람은 복잡한 말투에 집중하지 못한다 · 128
2. 화제에서 벗어났을 때 본제로 되돌리는 방법 · 130
3. 시간분배를 생각하지 않으면 단조로운 말투가 된다 · 133
4. 모범이 되는 사람의 말투를 활용해야 한다 · 135
5. 설명을 잘하는 사람은 확인을 하면서 말한다 · 137
6. 같은 말이라도 사람에 따라 받아들이는 방식이 다르다 · 139
7. 보고는 설명이 아니다, 사실만을 간략하게 말한다 · 141
8. '보고하지 않는 사람'은 신뢰받지 못한다 · 144
9. 설명 같은 보고는 상대를 곤혹스럽게 한다 · 146
10. 고생담이나 자랑거리, 변명은 '보고'에 불필요하다 · 149
11. '보고하는 상대'를 잘못 택하면 신용을 잃는다 · 151
12. 상대가 '알고 싶은 것'을 정확하게 보고하는 포인트 · 153

♣ **언행의 지혜**
책임을 전가하는 듯한 변명을 들을 때의 심리? · 156

Chapter 6
사람은 밝은 말투에 귀를 기울인다

1. 말을 잘하는 사람은 호흡 조절을 잘한다 · 160
2. 좋은 대화는 '45초 규칙' 부터 시작이다 · 162
3. 사람은 '즉각적인 반응'에 성의를 느낀다 · 164
4. 지나치게 정서적으로 말하는 사람은 자기중심적이다 · 166
5. 나약한 성격은 말투를 바꾸면 고칠 수 있다 · 168
6. 자신이 없기 때문에 남의 험담을 하고 싶어진다 · 170
7. 밝은 말투는 밝은 인사부터이다 · 172
8. 사람들 앞에서 말할 때 긴장하지 않는 방법 · 174
9. 말하는 태도가 바뀌기 쉬운 사람은 주위사람을 피곤하게 한다 · 176
10. 우물 안 개구리가 바라보는 하늘 · 178
11. 지난 일들을 들춰서는 안 된다 · 180

♣ 언행의 지혜
변명은 하는 것이 좋은가, 하지 않는 것이 좋은가? · 182

Chapter 7
밝은 말투로 꾸짖고 칭찬하기

1. 꾸짖는 것이 능숙한 사람은 상대를 잘 납득시킨다 · 186
2. 납득할 수 있는 꾸중과 납득할 수 없는 꾸중 · 188
3. 혼을 낸 후에는 어떻게 해야 하는가? · 190
4. 혼내는 것이 서툰 사람은 상대를 보지 않고 혼낸다 · 193
5. 사소한 일까지 혼을 내면 역효과가 된다 · 195
6. 조언처럼 혼내는 것이 상대방에게 좋다 · 197
7. 작은 성장이라도 칭찬해야 하는 이유 · 199
8. 칭찬의 말도 지나치면 아부처럼 들린다 · 201
9. 칭찬에 인색한 사람은 철이 없다는 증거이다 · 203
10. 앞에서 하는 칭찬보다 '뒤에서 하는 칭찬'이 효과적이다 · 205
11. 사소한 칭찬의 말에 상대는 감동한다 · 207

∞ 머리말 ∞

'밝은 말투'로 이야기하는 사람인지, 그렇지 않은 사람인지라는 것이 사람의 매력을 가늠하는 척도이다. 밝은 말투로 이야기하는 사람에게 사람들이 끌리는 것은 당연하다.

이것은 '밝은 말투'로 이야기할 수 있는 사람인지, 그렇지 못한 사람인지라는 것과도 연관되는 것으로 인생에서 큰 차이로 나타난다.

우리는 상대가 '무엇을' 말하고 있는지 라는 내용보다 어떤 '말투'를 쓰는지에 영향을 받는 경우가 많다. 같은 내용이지만 '밝은 말투'로 이야기하면 "그렇군." 하고 납득할 수 있지만, 반대로 말투가 어두우면 "정말 그런가?" 하는 의구심이 들고 '부정적'인 생각이 들기 마련이다.

어떤 사람은 중학교 1학년 때에는 수학이 좋아서 수업에 집중도 잘되고 항상 1등을 했는데, 2학년 때는 수학 선생님이 바뀌자 수업에 집중도 안 되고 성적도 떨어져서 수학이 싫어졌다고 한다. 2학년 때 선생님의 '가르치는 방식'과 '말투'가 어두웠기 때문이라고 한다.

이런 예는 사람과의 애정이나 우정, 가족관계, 직장상사나 동료관계에서도 똑같이 적용된다.

'밝게 말하는 사람'과 이야기를 하고 있으면 우리의 기분이 좋아지지만, 말투가 어두운 사람과 이야기를 하고 있으면 왠지 기분도 우울해진다. 말투가 밝은 사람은 그것만으로도 사람들에게서 신뢰를 받으며 많은 친구들과 행복한 가정, 사회에서 인간관계도 원만하다. 나(필자)도 이제까지 많은 사람들을 만났지만 행복한 삶을 사는 사람은 반드시 '밝은 말투로 말하는 사람'이었다.

그런데 행복한 삶을 사는 사람들이 반드시 유창한 대화법과 달변의 소유자들은 아니다. 그렇다고 TV의 오락 프로그램에 나오는 개그맨처럼 시끄러운 사람들도 아니다.

말투에는 그 사람의 인격이 묻어난다. 말하는 사람의 삶의 방식이나 가치관이 말투에 나타나는 것이다. 미래의 희망에 부풀어 있는 사람은 밝은 말투로 이야기를 한다.

그런 의미에서 정기적으로 자신의 말투를 점검해 보는 것이 중요하다. 말투가 어둡지는 않은지, 투덜거리는 말투는 아닌지, 혼자 중얼거리지는 않는지…… 등등. 이것은 자신의 인생을 성찰하는 기회이기도 하다. 밝고 명랑한 말투로 말하는 사람은 좋은 인생을 살아왔다는 증거이다.

또 한 가지, 당신의 주위에 '늘 밝게 말하고, 우울한 모습을 보이지 않는 사람'이 있으면 그 사람은 상당한 역량을 소유하고 있는 사람이라고 생각해도 무방하다. 삶의 모범으로 삼기를 바란다.

생각해 보아라. 그 사람에게도 우리와 똑같이 몸이 안 좋을 때가 있다. 우리와 똑같이 고민하거나, 방황할 때도 있다. 일이나 인간관계가 원활하지 못할 때도 있다. 하지만 그런 상태에 휘둘리지 않고 '항상 밝음'을 유지한다. 밝은 기분으로 사람들을 대하고 사람들의 기분을 좋게 해주고 있는 것이다.

'밝은 말투로 말하는 사람'은 무사태평한 사람이 아닌 인격과 인품을 갖추고 있는 사람인 것이다.

Chapter 1

분위기를 읽고 사람의 마음을 사로잡는 방법

때때로 장소에 따라 어려운 이야기를 할 수 있고, 가벼운 우스갯소리도 가능하며, 진지한 이야기도 할 수 있는 유연성이 중요하다. 상황에 따라서 어떤 화제를 꺼낼까 하는 판단은 인간관계 형성과 깊은 관계가 있다. 그런 의미에서 부적절하거나 잘못하면 큰 낭패를 당하는 화젯거리들이 있다.

정치이야기, 종교나 신앙이야기, 타인의 병이나 죽음에 관한 이야기 등이다. 함부로 이런 이야기를 꺼내면 불필요한 대립을 초래하거나 오해를 사기도 한다.

1
말을 잘하는 사람은 화젯거리가 많다

'오랜만에 A를 만나기로 했는데 어떤 이야기를 해야 할까?' 하고 사람을 만날 때는 사전에 생각해 두는 습관을 가져야 한다.

B씨 부인은 파티에 참석할 때에는 사전에 참석자들의 직업과 경력, 가족사항 등을 조사해 두었다고 한다. 소위 화젯거리를 사전에 준비하는 것이다. 그래서 "부군께서는 젊었을 때 미국에서 공부를 하셨다지요?", "큰아드님은 내년에 대학시험을 보겠군요.", "선생님은 자원봉사활동을 하시고 계시죠? 정말 훌륭하시네요." 하고 대화를 유도해 나간다. 이런 화젯거리라면 어색한 침묵에 빠지는 일은 없을 것이고 오랜 친구처럼 대화를 나눌 수가 있다.

말이 서툰 사람은 '유창하게 말하지 못하는 사람'이나 '말을 더듬는 사람'이 아니라 화젯거리가 없는 사람이다. 대화가 원활하게 이어지지 않기 때문에 대화에 재미가 없어지는 건 당연한 일이다.

토론회의 패널들이 어떤 질문을 받았을 때 짧은 시간에 적절한 의견을 말할 수 있는 것은 그들이 태어나면서부터 말을 잘하기 때문이 아니라 평소에 많은 시간을 들여 많은 정보를 수집한 노력의 결과이다. 만담이나 재담에 능한 사람들은 자신만의 비밀수첩을 가지고 있는 사람이 많다. 토론에 능한 사람들도 모두 자신만의 화젯거리를 만들기 위해 노력하고 있다.

Key Point

말이 서툰 것이 아니라 화젯거리가 적을 뿐이다.
- 사람을 만날 때 임기응변으로 대처하지 말고 어떤 이야기를 나눌까를 미리 생각한다.
- 신문, TV, 광고 등에 관심을 가지고 화젯거리를 수집한다.
- 지식을 과시하는 것은 삼가야겠지만 지식이 풍부한 사람과의 대화는 즐거워한다.
- 대화가 단조로워지는 이유는 화젯거리가 적기 때문이다.

2
'낯가림'을 극복하면 친근하게 말할 수 있다

　모르는 사람이 "어? A씨죠?" 하며 친근하게 말을 걸어오는 경우가 있다. 우리는 평소에 전혀 모르는 사람에게 말을 걸지는 않지만, 오랜만에 동창을 만난 것처럼 들뜬 목소리로 말을 걸어오는 사람이 있다.
　그러나 안면이 없다는 것은 자신의 생각일 뿐이지, 상대방은 비록 처음 만난 사람일지라도, 자신의 친구나 동료를 통해 이미 상대를 파악하고 있었던 것이다.
　상대를 안다는 것은 친근감을 깊게 하는 첫발이다. 반대로 잘 모른다는 것은 반감이나 혐오감을 증가시키는 원인이 되기도 한다.
　편식을 인간관계로 비유하면 '낯가림'이다. 사실 우리들은 상대방을 잘 모르면서 험담을 하는 경우가 많다. 싫은 사람, 반감을 주는 사람이라고 멀리 하지 말고 가까이 다가가면 그 사람의 '좋은 점'을 볼 수 있다. 성격뿐 아니라 취미도 같다, 어떤 사람을 잘 알고 있다, 고향이 같다 등등 의외의 공통점을 발견하면 단숨에 친해지는 경우가 있다. 상대를 알면 알수록 말투는 친근해진다. 대화는 흥이 나고 즐거워진다.

Key Point

상대의 좋은 점에 주목하면 대화는 즐거워진다.
- '저 사람의 이런 점이 싫다.'가 아닌 '이런 점이 좋다.'라고 말할 수 있는 사람이 되어야 한다.
- '저 사람은 싫다.'라는 진짜 이유는 그 사람을 잘 모르기 때문이다.
- 질문을 많이 해서 그 사람을 알아야 한다. 알면 알수록 친근감이 생긴다.
- 처음 만난 사람이라도 사전 지식이 있으면 친근한 대화를 나눌 수 있다.

3
배려 있는 한마디와 무신경한 한마디

　벽에 부딪혀 고민하는 사람에게 "당신이라면 문제없어요.", 업무에 쫓기는 사람에게 "힘들겠네요, 힘내세요.", 거리에서 곤란한 일을 당한 사람에게 "제가 도와드릴까요?" 또는 어색하고 거북한 분위기를 재치 있는 농담으로 부드럽게 하는 한마디를 할 수 있는 사람은 틀림없이 다른 사람들에게 호감을 주는 사람이다.

　반면에 아주 사소한 한마디 때문에 남들에게 경원시되는 사람도 있다. 아무 생각 없이 상대방의 과거를 들춰내서 그 사람과 소원해진 경험을 가진 사람도 있을 것이다. 나쁜 뜻으로 한 말이 아님에도 되돌릴 수 없을 만큼 인간관계가 훼손되기도 한다.

　아무리 사이가 좋은 상대일지라도 해서는 안 될 한마디의 말이 있다. 외모와 관련된 돼지, 못난이, 대머리와 같은 말이다. 상대방의 신체에 대한 험담도 웃어넘길 수 없다.

"당신의 어머니는 정말 철이 없군요.", "당신의 아들은 참 게으르네요. 유전인가 봐요." 등등 아무리 농담으로 한 말이라도 상대방은 농담으로 받아들이지 않는다.

이것은 사람에 대한 배려의 문제이다. 상대방의 입장에 서서 생각할 수 있는 사람이 평소에 사람들이 좋아하는 한마디를 말할 수 있고, 상대방의 입장을 생각하지 않는 사람은 의식하지도 않은 한마디로 사람들에게 미움을 받는다. 땅을 치며 후회하는 일이 없도록 말 한마디에도 신경을 써야 한다.

Key Point

상대방에 대한 배려를 말 한마디로 표현할 수 있는 사람이 되어야 한다.
- 고민하고 있는 사람을 못 본 체하지 말고 "괜찮아, 문제없어."라고 말을 건넨다.
- 곤란한 일을 당한 사람을 그냥 지나치지 말고 "왜 그러세요. 무슨 일이 있습니까요?" 하고 말할 수 있어야 한다.
- 상대방의 외모에 대한 험담이나 가족에 대한 험담은 절대 해서는 안 된다.
- 상대방의 과거의 부끄러운 실패나 열등감을 느끼고 있는 일들을 거론해서는 안 된다.

4
이런 상황과 이런 화제는 금물이다

하루 업무를 끝내고 동료들과 회식자리에서 머리 아픈 업무 이야기를 해서 '분위기 파악 못 한다.'라는 인식을 심어주는 것은 피해야 한다. 반대로 근무시간에 다들 업무에 여념이 없을 때 "이번 주말에는 경마나 할까요.", "내일 단체 미팅 건 말인데요." 하고 쓸데없는 이야기를 해서는 신뢰를 잃기가 쉽다.

이성이 있는 자리에서 천박한 이야기만 하는 사람은 여성뿐만 아니라 남성들에게도 따가운 눈총을 받는다.

젊은 사람과 이야기를 할 때에는 적절한 화젯거리를 선별하는 방법이 있다. 자신보다 나이가 많은 사람과 이야기를 할 때도 마찬가지이다.

때때로 장소에 따라 어려운 이야기를 할 수 있고, 가벼운 우스갯소리도 가능하며, 진지한 이야기도 할 수 있는 유연성이 중요하다. 상황에 따라서 어떤 화제를 꺼낼 것인지의 판단은 인간관계 형성과 깊은 관계가 있다.

  그런 의미에서 부적절하거나 잘못하면 큰 낭패를 당하는 화 젯거리들이 있다. 정치이야기, 종교나 신앙이야기, 타인의 병 이나 죽음에 관한 이야기 등이다. 함부로 이런 이야기를 꺼내 면 불필요한 대립을 초래하거나 오해를 사기도 한다.

  사람들이 모여 있는 장소에서뿐만 아니라 단둘이 있는 경우 도, 알고 지낸지 얼마 안 된 사람과는 될 수 있으면 이런 이야 기는 피하는 것이 좋다.

Key Point

그 장소의 상황과 분위기를 민감하게 관찰해서 화젯거리를 선택해야 한다.

- 정치, 종교와 같은 화제는 피해야 한다. 오해를 사서 위험인물로 낙인찍힐 수도 있다.
- 도박이야기는 하지 말아야 한다. 이야기를 꺼내면 멈출 수가 없다.
- 병이나 죽음에 관한 이야기는 상대에게 '어떻게 대답하면 좋을지 모르겠다.'라는 당혹감을 주기 때문에 하지 말아야 한다.
- 분위기에 따라 딱딱한 이야기나 부드러운 이야기도 할 수 있는 사람이 되어야 한다.

5
상대와 호흡을 맞추면 좋은 대화가 시작된다

처음 사람을 만나면 긴장감으로 자신도 모르는 사이에 말이 빨라지는 사람이 있다. 선거에 나온 입후보자의 연설도 대체로 말투가 빨라진다. 말투가 빠르면 알아듣기가 어려워진다는 사실을 본인은 전혀 깨닫지 못하는 것 같다. 이것도 긴장감 때문이다.

'좀 긴장하고 있구나.' 하고 느낄 때에는 의식적으로 천천히 이야기를 하는 것이 좋다. '너무 느리지 않나.' 라고 생각될 정도가 상대방이 알아듣기 적당한 속도이다.

말하고 싶은 내용이 머릿속에 잘 정리되어 있지 않을 때에도 자신도 모르게 말투가 빨라진다. 그것은 정리가 되어 있지 않다는 인상을 상대가 알아차리지 못하게 하기 위해서이다. 또 자신의 잘못을 감추기 위해서도 말투가 빨라진다. 그 대표적인 예가 세일즈맨이다. 원래 조급한 성격 때문에 말투가 빨라지는 사람도 있지만 어쨌든 좋은 인상을 주기는 어렵다.

　호흡이 잘 맞는다는 말과 죽이 맞는다는 말이 있다. 말하는 속도가 비슷한 상대와는 호흡과 죽이 맞고, 어쩐지 '이 사람과는 잘 어울릴 수 있을 것 같다.' 라는 생각이 들기 마련이다.

Key Point

상대와 말하는 속도를 맞추면, 그것만으로도 이야기에 흥이 난다.
- 사이가 좋은 상대와는 조금 빠른 말투, 첫 대면한 사람과는 천천히 이야기한다.
- 말투가 빠른 사람에게 느긋하게 말하면 상대를 조급하게 만든다.
- 천천히 말하는 상대를 재촉하는 것은 금물이다.
- 긴장된 장면에서 말이 빨라지는 것을 주의하며, 의식적으로 천천히 말을 해야 한다.

6
거짓말을 적절히 구사하는 사람과 너무 정직해서 실패하는 사람

거짓말을 못 하는 사람이 있다. 이래서는 안 된다.

거짓말에는 두 가지가 있다. 허영심과 사리사욕에서 하는 거짓말과 또 하나는 상대를 격려하거나 위로하기 위해 하는 거짓말이다. 전자의 거짓말은 죄가 되지만, 후자의 거짓말은 죄가 되지 않는다.

10년 만에 여자 친구와 만나서 "와, 많이 늙어구나."라고 말하는 것은 설사 그것이 진실이라고 해도 죄가 된다. "시간이 많이 흘렀는데도 조금도 변하지 않았구나."라고 말하는 것이 좋다. 이것은 인간관계를 원활히 하기 위한 것으로 죄가 되지 않는 거짓말이다.

그렇지만 "더 젊어진 것 같네. 스무 살 처녀처럼 보이는걸." 하고 뻔히 들여다보이는 거짓말은 역효과를 초래해서 자신의 인격을 훼손시킬지도 모른다. 기왕에 하는 거짓말이면 "딸보다 더 어려 보이는걸." 하고 농담처럼 말하는 것이 어떨까 한다.

그럼 거짓말은 어느 정도까지 허용되는 것인가?

어떤 여배우의 말을 빌자면 사진을 촬영할 때 실제보다 반 정도 부풀려 아름답게 찍어주는 것이 가장 기쁘다고 한다. 그 이상 아름답게 찍히면 자신이 아닌 듯한 거북함을 느낀다고 한다. 상대의 기분을 헤아리는 거짓말도 반 정도가 가장 적당한 듯하다.

Key Point

거짓말을 적절히 구사하는 사람이 되어야 한다. 적절한 거짓말은 인간관계를 원활하게 한다.

- 다이어트에 실패한 사람에게 "살이 쪘구나."라는 말은 금물이다. "좀 홀쭉해 보이는데."라는 말이 적절한 거짓말이다.
- 환자에게 "안색이 안 좋아."라는 말은 금물이다. "건강해 보이는데, 다행이다."라는 말이 적절한 거짓말이다.
- 좌절한 사람에게 "능력부족이야."라는 말은 금물이다. "운이 나빴을 뿐이야."라는 말이 적절한 거짓말이다.
- 폐를 끼친 사람에게 "당신 때문이야."라는 말은 금물이다. "그 누구의 탓도 아니야."라는 말이 적절한 거짓말이다.

7
내성적인 사람에게 '쾌활해져라' 라고 해서는 안 된다

대화가 맞지 않는 원인 중 하나는 상대의 성격에 맞춰서 말하지 못하는 것이 원인이다.

예를 들어 말이 없는 사람과 이야기할 때이다.

말수가 적은 사람이 반드시 고지식한 사람이라고 할 수는 없지만, 조롱하는 듯한 말투는 삼가는 것이 좋다. 가볍게 농담으로 한 말을 상대방은 농담으로 받아들이지 않는 경우가 있기 때문이다.

"바보 같아, 넌."이라고 말했는데 "내 어디가 바보 같은데?"라고 추궁하면 대화가 이어지지 않는다. 자신도 진지하고 성실하게 이야기하도록 주의하는 것이 좋다. 또 성격이 내성적인 사람에게 "좀 더 쾌활해져라.", "말하고 싶은 게 있으면 분명하게 말해."라고 책망하는 듯한 어투로 이야기해서는 안 된다.

왜냐하면 자신을 알아주지 못한다고 생각하고 점점 더 말수가 적어지기 때문이다. 말수가 적고 편협한 사람은 한 번 말을 한 것에 대해서는 아무리 설득해도 철회하지를 않는다.

"오늘은 노래방에 갈 기분이 아니야."라고 말하는 사람에게는 너무 강요하지 않는 것이 좋다. 그러는 사이에 "정말 고집이 세구나.", "뭐야, 기껏 생각해서 가자고 했더니."라는 식으로 말이 험악해지는 경우가 많다. 상대방이 말이 없다고 해서 자신도 말을 하지 않는 것은 좋지 않다. 침묵이 길어지면 서로에게 좋지 않은 감정의 대립을 초래할 수 있기 때문에 주의하길 바란다. 성심성의껏 말을 걸면 말이 없는 상대와도 대화를 잘 풀어갈 수 있다.

Key Point

사람의 성격에 맞춘 말투를 배우면 인간관계가 원활해진다.
- 말이 없는 사람과는 무신경한 한마디의 말로 인간관계가 깨질 수 있으니 주의한다.
- 내성적인 사람에게 그 성격을 책망하는 듯한 말을 해서는 안 된다.
- 편협한 사람에게는 강요하는 듯한 말투는 금물이다.
- 상대방이 말이 없다고 해서 자신도 말을 하지 않는 것은 금물이다.

8
말이 많은 사람은 섬세한 일면이 있다

　수완이 좋은 청년실업가나 우수한 세일즈맨, 상담사, 정치가와 같은 직업을 가진 사람들은 말을 할 때 다음과 같은 특징을 가지고 있다. 모두 말을 잘하고 달변이라는 점이다. 또한 밝고 농담으로 사람들을 잘 웃긴다. 말할 때 몸동작이 크고, 사람을 즐겁게 해주고 자신도 그것을 즐긴다.

　그런데 이런 유형의 사람에게는 의외로 섬세한 일면이 있다는 것도 기억해 두는 것이 좋다. 고민 따위는 없을 것처럼 보여도 아주 사소한 일로 깊은 상처를 입거나 다시 회복하기까지 많은 시간을 요하기도 한다.

　우리에게 우울증이 많다는 말을 들으면 확실히 그럴 것 같은 생각이 든다. 진지하고 책임감이 강하고, 일밖에 모르는 사람들은 분명히 우울증에 걸릴 가능성이 많은 것 같다.

그런데 쾌활하고 밝은 측면이 강한 사람들 중에도 우울증에 걸린 사람이 많다고 한다. 쾌활한 사람은 고민이 없는 사람이라는 방정식은 성립하지 않는다.

따라서 '저 사람은 좀 거친 말을 해도 괜찮을 거야.' 하고 심한 말을 하지 말아야 한다.

인간관계에 있어서는 배려가 중요하다. 또 해서는 안 되는 말을 했을 때에는 "죄송합니다. 나쁜 뜻으로 말한 건 아니에요."라고 바로 사과해야 한다. '저 사람은 원래 그런 말에 신경 쓰지 않을 거야.' 라고 그대로 넘겨버려서는 안 된다.

Key Point

말 한마디에 사람들은 깊은 상처를 받는다.
- 성격이 쾌활한 사람도 가시 있는 말에 상처를 받으니 주의한다.
- 섬세한 사람은 일견 그렇게 보이지 않는다. 상대의 마음을 잘 관찰하면서 이야기를 한다.
- 회식 등 분위기가 고조된 자리에서는 실언을 하기 쉬우니 주의가 필요하다.
- 자신의 말이 타인의 마음을 상처받게 했다는 것을 깨달으면 그 자리에서 바로 사과해야 한다.

9
말을 돌려서 하는 사람이 갑자기 화를 내는 경우가 있다

정신의학에 '우원(迂遠)'이라는 말이 있다. 이야기가 지루하고 무엇을 말하고 싶은지 불분명하게 말하는 것을 의미한다.

성격적으로 완고한 사람이 많고, 농담을 해도 웃지 않는 타입의 사람이다. 너무 진지하고 사소한 것에 신경을 너무 많이 쓴다. 직업적으로 보면 학자, 엔지니어, 회계사, 교사와 같은 직업에 종사하는 사람이 많다.

이런 사람들과 대화하는 것은 좀 거북하다. 주의할 점은 이런 유형은 기본적으로 인내심이 강한 사람이 많지만, 동시에 화를 잘 내는 측면이 있다는 것이다. 지나치게 자주 "당신 이야기는 너무 지루해요. 말하고 싶은 것을 좀 명쾌하게 말할 수 없나요."라고 계속 재촉하면 갑자기 "그만 됐어." 하고 화를 내고 자리를 뜬다.

말하는 것이 너무 지루하고 길어지는 것은 타고난 진지한 성격 때문에, 분명하게 설명하지 않으면 마음이 편치 않기 때문이다. 종종 그런 점이 너무 지나쳐서 사람들에게는 이야기가 너무 장황하게 들리는 것이다.

이런 사람과 원만히 교제하기 위해서는 어느 정도의 인내심이 필요하다. 그가 이야기를 모두 끝내기까지 가만히 귀를 기울여야 한다. 이것이 가능하면 유익하고 좋은 이야기를 하고 있다는 것을 알게 될 것이다.

Key Point

이야기가 장황하다고 느껴도 말참견을 하지 말고 이야기를 끝까지 듣는다.
- 장황하게 말하는 사람에게 "무슨 말을 하고 싶은 거죠."라는 말은 금물이다.
- 설명이 길다고 해서 시시한 이야기로 여겨서는 안 된다.
- 머리가 좋고 논리적인 사람일수록 말이 길어진다. 말이 장황한 사람이라고 해서 바보 같은 사람이 아니다.
- 이야기가 긴 사람은 먼저 모두에 결론을 말하는 대화법을 익힌다. 설명은 결론을 말하고 나서 한다.

10
허풍이 심한 사람은 멀리 해야 한다

이야기를 할 때 처음부터 끝까지 부풀려서 말하고 상대방의 놀란 표정이나 반응을 보고 좋아하는 사람이 있다. 그런 사람은 본래 자랑하는 이야기를 잘하고 성격적으로는 출세욕이 강하다. 또한 자아가 강한 측면도 있다. 남성의 경우라면 독불장군, 여성의 경우에는 공주병 타입이다.

보통사람이라면 너무 지나치게 부추기거나 칭찬을 하면 오히려 거북해 하거나 뭔가 숨은 의도가 있지 않나 하고 의심을 하기도 한다. 하지만 이런 타입의 사람은 아무런 의심도 없이 점점 더 기분이 고조돼서 마치 장군이나 공주처럼 말을 하고, 상대를 자신의 부하처럼 대하거나 모욕적인 말도 아무렇지 않게 내뱉거나 한다. 이런 습관은 좋지 않으니 적절히 절제하는 것이 좋다.

이런 타입의 사람에게 적대적인 말을 하거나 경시하는 듯한 말투로 말하는 것은 피해야 한다. 왜냐하면 자존심에 상처받은 것을 가슴속에 담아두고 언젠가 복수하려고 생각하기 때문이다. 어느 정도 거리감을 두고 대하는 것이 좋다. 때때로 만나서 어린아이를 달래는 듯한 기분으로 대하면 충분하다.

Key Point

상대가 호응한다고 해서 그 사람이 자기편이 된 것은 아니다.
- 자기자랑을 많이 하는 사람과 말할 때에는 듣기만 해야 한다. 이쪽도 자랑하는 이야기로 대항해서는 안 된다.
- 자기를 부추겨주는 말에 약한 사람은 자만에 빠지기 쉽다. 적당한 조절이 필요하다.
- 눈에 띄기를 좋아하는 사람은 질투심이 많다. 무시하는 듯한 말은 삼가야 한다.
- 독불장군 타입은 상대를 경시하기 때문에 조금 거리를 유지하고 말을 해야 한다.

11
몸이 안 좋은 것을 한탄하는 사람은 남의 이목에 신경을 쓴다

"요즘, 위가 안 좋아서.", "밤에 잠을 잘못 자서.", "왠지 몸이 나른하고 힘이 없다."라고 입버릇처럼 몸이 안 좋은 것을 하소연하는 사람이 있다.

이것은 대부분 스트레스 때문이지만 성격상으로 보면 신경질적이고 발랄함도 결여되어 있다. 불만을 토로하는 말을 많이 하고 "다음 주까지 마무리하라니 나보고 어쩌라는 거야.", "지금은 어려울 것 같은데."라고 항상 투덜거린다.

이런 사람은 다른 사람의 시선과 이야기가 신경에 쓰인다.

"부장님이 당신은 좀 마무리가 약한 것 같다며 중요한 일을 맡길 수가 없다고 말씀하시던데요." 하는 말을 들으면 종일 그 말이 머릿속을 맴돌고 떠나질 않아 스트레스가 쌓이고 결국엔 무단결근, 우울증, 대인기피증 등으로 발전하기도 한다.

이런 사람에게는 마이너스 정보를 주지 말고 격려하는 말, 예를 들어 '괜찮아요.', '당신이라면 할 수 있어요.', '당신은 깨닫지 못하고 있을지 모르지만 아주 멋져요.' 라는 식으로 한 마디 해주는 것이 중요하다. 플러스 정보를 제공함으로써 스트레스도 감소시켜주고 그와 밝은 대화를 나눌 수가 있다.

Key Point

안심감을 주는 말로 말을 많이 건다.
- 몸 상태가 안 좋은 것을 하소연하는 사람은 사람들이 자신을 어떻게 생각하는지에 신경을 쓴다. 칭찬의 말을 해주어야 한다.
- 주위를 신경 쓰는 사람에게 "지금도 좋아요."라고 안심시킨다.
- 남의 이야기에 신경을 쓰는 사람에게는 플러스 정보를 제공해서 불안을 제거해준다.
- 자신감을 잃은 사람에게는 격려해서 움직이게 하는 말이 좋은 방법이다.

12
사람과의 교제가 서툰 사람도 대화를 원한다

항상 자기만의 세계에 틀어박혀서 사람과의 교제가 서툰 사람에게 '말을 걸어도 괜찮을까. 내버려두는 것이 좋지 않을까?' 하고 망설이다 '혹시 말을 걸면 싫은 내색을 하지는 않을까?' 하는 불안감이 있다. 일견 그렇게 보이는 사람도 사실은 누군가 말을 걸어주기를 바라고 있다.

한 대학에서 이런 실험을 한 적이 있었다. 사람들과 함께 있는 것보다 혼자 있고 싶어 하는 성격의 학생을 몇 명 뽑아서 각각 밀실에 혼자 들여보냈다. 그리고 본인에게는 카메라가 설치되어 있다는 말을 하지 않고 상황을 관찰했다.

자, 어떻게 됐을까?

혼자 좁은 방에 남겨져 있으면 점점 견딜 수 없어져서 혼잣말을 하는 사람이나 노래를 부르는 사람, 그리고 초조해 하는 사람도 있었다. 한 학생은 밀실에서 나갈 때 "누군가와 이야기를 하고 싶다!"라고 고함을 쳤다고도 한다.

  사람과 이야기하는 것을 피하는 것처럼 보이는 사람에게도 대화를 나눌 상대가 있다는 것과 대화를 할 수 있다는 것이 기쁜 일이라는 점에는 변함이 없다. 무엇이든 좋으니 말을 걸어 보아라.

Key Point

대화는 인생의 기쁨이다. 타인에게 말을 거는 것을 망설일 필요는 없다.
- 고독의 벽이 있는 사람도 사실은 말을 잘한다. 기회를 기다려야 한다.
- 자신만의 세계에 틀어박혀 있는 사람도 사실은 사교적이다.
- 사람과의 교제가 서툰 사람과도 말벗이 될 수 있다.
- 겉모습으로 사람을 판단하지 않는 것도 말을 잘하는 비결이다.

♣ 언행의 지혜

비판받을 때는 침묵하는 것이 좋은가,
반박하는 것이 좋은가?

천적에게 쫓겨 궁지에 몰렸을 때, 동물은 대체로 두 가지 반응을 보인다. 개처럼 멍멍 짖어대거나, 또 하나는 바짝 엎드려서 죽은 척하는 것이다.

인간도 마찬가지다.

예를 들어 회의석상에서 누군가 정면에서 "당신의 생각은 어리석었습니다. 이번 결과에 대해 어떻게 책임을 지겠습니까요?"라고 비난을 당할 때를 생각해 보자. 침을 튀기면서 "당신이 뭔데 나한테 책임을 지라는 것인가요."라고 반론을 하는 사람이 있고, 아무런 반론도 하지 않고 묵묵히 비난을 감수하는 사람도 있다. 자, 당신은 어느 쪽인가?

그러나 다른 방법으로 비판의 화살을 능숙하게 넘길 수도 있다. 비판자를 칭찬하는 것이다. "옳으신 말씀입니다. 당신이 지금 한 말씀으로 저는 등골이 오싹해졌습니다. 분발을 촉구하라는 말씀으로 받아들이겠습니다. 앞으로 더 힘껏 노력하지 않으면 안 된다고 생각합니다. 앞으로 잘 부탁드립니다."라고 할 수도 있는 것이다. 이것이야말로 지혜가 아닌가 한다.

Chapter 2

겸손한 자기 어필로 호감을 주는 사람

교만한 사람은 언젠가 큰 낭패를 본다. 겸손한 사람은 모두의 지지를 받는다. 어느 쪽이 득일까? 항상 '고맙습니다.', '덕분에.' 라는 말을 많이 쓰도록 해야 한다. 그것이 교만한 마음을 없애주고 겸손한 마음을 갖게 하는 방법이다. 벼는 익을수록 고개를 숙인다. 사람도 마찬가지이다.

1
대화중에 '당신은?'을 잘 사용하는 사람이 있다

자신과 관계없는 화제에 대해 흥미 없는 표정을 짓는 사람이 있다. 그런 사람은 자신에 관해 이야기를 할 때면 쉴 새 없이 말을 쏟아내는 경향이 있다.

"이번 일요일에 고창에 있는 선운사에 놀러갔었어요. 비에 젖은 선운사는 정말 아름다웠어요. 아주 인상적이더라고요. 아직도 눈에 선해요. 나는 꽃을 좋아해서 매년 연중행사처럼 선운사에 가고 있어요." 하고 상대방이 아무리 재미없는 표정을 지어도 자신의 말에 고개까지 끄덕이며 1인 2역을 하면서 계속해서 말을 쏟아낸다.

대화라는 단어의 뜻을 보면, 이야기와 이야기가 만나서 대화가 된다. 화제를 혼자서 독점하는 것이 아니라 상대방에게도 이야기를 시키는 것이다.

말하는 방식을 바꿔보겠다.

"이번 일요일에 선운사에 놀러갔었어요."까지는 좋다. 여기서 "나는."이라고 이야기를 이어가는 것이 아니라, "당신은?"이라고 이야기의 방향을 상대에게 돌리고 상대의 반응을 보는 것이 좋다.

"당신은 무엇을 했어요?", "당신은 어떤 취미를 가지고 있어요?"라고 하면 이것만으로도 대화가 성립된다.

그 다음에 "그런데 선운사는 어땠어요?" 하고 상대방이 물어본다면 조금 더 자신이 좋아하는 화제를 이야기해도 좋다는 사인이므로, 그 절도 아름답지만 동백꽃과 상사화도 예뻤다고 이야기한다. 그리고 대화의 중간에 "당신도 내년에 같이 가보지 않겠어요?"라는 식으로 상대방에게 말을 할 기회를 주는 것이 대화를 고조시키는 방법이다.

Key Point

'나는'과 '당신은'으로 서로 이야기를 하면 대화는 흥이 난다.
- 잠자코 듣고 있다고 해서 상대방이 자신의 이야기에 흥미를 느끼고 있다고 할 수는 없다.

- 상대의 표정을 잘 보고, 상대의 기분을 느끼면서 이야기를 해야 한다.
- '나는'이라는 말로 이야기를 독점하지 말고, 이야기 중에 '당신은?'이라고 묻는다.
- 좋은 대화는 서로 '교차'되어야 하며 그 대화는 저절로 흥이 나기 마련이다.

2
'고마워'와 '덕분에'라는 말로 자신을 나타낸다

조금 뻔뻔할 정도로 자기를 내세우지 않으면 요즘 세상에서는 살아남을 수 없다. 그러나 그 안배가 어렵다. '조금'이 지나치면 주위의 사람들에게 불쾌감을 주고 자신도 모르는 사이에 따돌림을 받기도 한다.

여전히 겸손의 미덕은 강조되고 있다. 강력한 자기주장이 때로는 '뻔뻔함'이라고 간주되고 경원시되는 것은 어쩔 수가 없다.

자신을 내세울 때 어떻게 겸손함을 연출할 것인가, 이것이 비결이다. 예를 들어 당신이 부장으로 승진했다면 어떻게 표현할 것인가?

"내 능력을 감안하면 당연한 일이다."라고 말하면, 비록 그것이 사실이라고 해도 보기에 좋지 않다. "덕분에 부장으로 승

진할 수가 있었다."라고 말하는 것이 좋다. 자신의 능력이라고 말하기보다는 모두의 덕분이라고 말하는 방법이다. "앞으로도 여러 가지 지도 편달을 부탁한다."라고 덧붙인다면 더할 나위 없다.

교만한 사람은 언젠가 큰 낭패를 본다. 겸손한 사람은 모두의 지지를 받는다. 어느 쪽이 득인가?

항상 '고맙습니다.' 와 '덕분에.' 라는 말을 많이 쓰도록 해야 한다. 그것이 교만한 마음을 없애주고 겸손한 마음을 갖게 하는 비결이다. 벼는 익을수록 고개를 숙인다. 사람도 마찬가지이다.

Key Point

말할 때 '고맙습니다. 덕분에.' 라는 마음을 전달한다.
- 좋은 일은 '내 힘으로' 가 아니라 '모두의 덕분' 이라고 말한다.
- '모두의 덕분으로' 라는 말은 사람들 마음에 강한 인상을 남긴다.
- 도움을 받았으면 '도와주셔서 감사하다.' 라고 말해야 한다.
- 남들에게 고마운 마음을 가지고 있다는 것을 말로 표현한다.

3
자신의 잘못을 인정하지 않는 사람은 같은 실패를 반복한다

"결혼생활이 원활하지 못한 건 당신 탓이 커. 나는 나름대로 노력했어. 그런데 당신은 대체 뭘 했지? 당신이라는 사람과는 더 이상 살 수 없어." 하며 아내를 몰아세우고 자신은 조금의 잘못도 없다는 얼굴을 하는 사람이나, "이런 회사, 그만둘 수밖에 없어. 아무리 노력해도 전혀 인정해 주지 않잖아. 더 이상 어떻게 할 수가 없어."라고 일방적으로 직장을 매도하여 '나는 옳다.'라며 양보하지 않고 끝까지 '나쁜 건 상대방이다.'라고 일방적으로 책임을 전가하는 사람이 있다.

위에서 예를 들었듯이 두 사람 모두 '나에게도 미흡한 점이 있다고 생각하지만.'이라고 말하지 않는다.

절대로 자신의 잘못을 인정하려 하지 않는, 이런 주장을 하는 사람은 같은 실패를 반복한다. 결혼과 이혼을 반복하거나,

이력서에 경력란이 모자랄 정도로 이직과 전직을 되풀이한다. 무조건 자신의 주장을 내세우기 때문에 주위사람들이 받아들일 수가 없는 것이다.

주위사람들이 변하지 않는 것에 불만을 가질 것이 아니라 자신을 바꾸는 노력을 해보아야 한다. 그것이 마음속의 불만을 해소하는 비결이다. 또한 일방적인 말투로 고립을 자초하는 일을 피할 수 있는 처방전이기도 하다.

Key Point

타인을 일방적으로 비난하지 말고 자신의 미흡한 점을 인정해야 한다.
- 일의 결과가 좋지 못한 건 "당신이 나쁘다."가 아닌 "내 능력부족이다."라고 말해야 한다.
- 타인에게 반성을 요구할 때는 "나도 반성할 점이 있지만."이라고 전제해야 한다.
- 상대방의 결점을 비난하지 말고 '이렇게 하는 편이 좋다.'라고 조언하는 것처럼 해야 한다.
- 전직이나 이혼을 반복하는 사람은 말하는 법에 문제가 있다. 자신의 잘못을 인정해야 한다.

4
비밀이야기를 들기는 사람은 자기보호 심리가 있다

　같은 자리에 별로 관계없는 사람이 있음에도 "어제 그 사람, 이상하지 않았어? 그런 터무니없는 행동을 하다니." 하며 자기들끼리 이야기꽃을 피울 때가 있다. 어젯밤, 퇴근길에 한잔하러 간 곳에서 만난 사람에 대한 이야기인 듯하다. 그런데 같은 자리에 있는 다른 사람은 무슨 이야기를 하는지 영문을 모를 뿐이다.

　아무런 설명 없이 자신들끼리 이야기꽃을 피우는 것은 '저쪽으로 가라.'는 말과 다름없다. 여기에 감춰져 있는 것은 자기보호의 심리이다. 많은 사람들이 모이는 장소에서는 동료를 만들어 자신의 위치를 확립해서 안심감을 갖기를 원하기 때문이다. 일부러 큰 소리로 다른 사람들이 듣든 말든 상관없이 비밀이야기를 하는 것은 동료의식을 강화하기 위한 도구와 같은 것이다.

그러나 다른 사람에게는 절대로 좋은 인상을 주지 않는다. 경우에 따라서는 적대감을 부추기기도 한다. 두세 사람의 동료의식은 강해졌을지는 모르지만 실제로는 더 많은 다수의 사람들로부터 고립을 자초하는 경우가 많다.

Key Point

다른 사람이 있는 앞에서 자신들끼리의 비밀이야기는 고립을 자초한다.
- 비밀이야기를 할 때는 제삼자도 알 수 있도록 설명을 곁들여서 한다.
- '관계없는 사람은 저쪽으로 가.' 라는 비밀이야기는 스스로를 고립시킨다.
- 사람들과 함께 있을 때에는 파벌이 생길 수 있는 화제는 꺼내지 않는다.
- 동료와 말할 때와 동료 이외의 상대와 말할 때에는 노골적으로 말하는 법을 바꾸지 않도록 해야 한다.

5
'나는 상관없어'라는 말은 인간관계를 얼어붙게 한다

"오후 회의 말인데 참석 인원은 몇 명이었지?"라는 말을 듣고 "그거 나하곤 상관없는데, 몰라."라는 듯한 말을 하지는 않는가?

"오늘 저녁은 어떤 걸로 할까? 생선이 좋아? 아니면 고기?"라는 질문에 "아무거나 상관없어."라는 식으로 대답하지는 않는가?

"일요일에 동네주민이 모여 공원에 가서 청소를 하는데 참가하지 않으시겠습니까?"라는 요청을 받고 "못 가겠는데요. 저하곤 상관없잖아요."라고 거절하지는 않는가?

'그렇게 말할 때가 있다.'라고 깨닫는 사람은 자신의 이미지나 평판이 훼손되어 있다는 사실을 깨달아야 한다. "잘 모르겠다."고 하는 사람은 어쩔 수 없다고 하더라도, "죄송하다."

라고 한마디 정도 사과의 말을 하고 "○○○ 씨라면 괜찮을지도 모르겠네요. ○○○ 씨에게 물어보겠습니다."라는 정도의 말은 할 필요가 있다.

 생선이나 고기, 아무거나 상관이 없다면 "당신은 어떤 것이 좋은데요? 당신이 먹고 싶은 걸로 해도 저는 좋아요." 하고 어째서 말하지 못하는 것인가? '상관없기 때문에'와 같은 차갑고 울림이 나쁜 말은 없다.

 상대의 기분을 헤아리고 배려하는 마음으로 사람을 대하는 것도 밝게 말하는 법의 방법이다. 말할 때 매정하게 내뱉는 듯한 습관을 가진 사람은 마음도 차갑게 얼어붙어 있는 사람이다.

Key Point

매정하게 내뱉는 말투보다는 상대의 마음을 헤아리는 말투를 익혀야 한다.
- '몰라.'보다는 무엇이든 좋으니 알고 있는 것을 가르쳐주는 말투여야 한다.
- '아무것이나 상관없다.'보다는 무엇이든 좋으니 자신의 기분을 표현하는 말투여야 한다.
- '상관없다.'보다는 '같이 생각해 보자.'라는 말투여야 한다.
- 인간관계를 훼손시키는 말투보다는 발전시켜주는 말투여야 한다.

> # 6
> ## 같은 자랑이야기를
> ## 반복하는 사람은
> ## 남들이 멀리한다

　만날 때마다 "내가 얼마 전에 홀인원을 했는데."라고 똑같은 자랑을 몇 번이나 하는 사람이 있어서 나(필자)도 좀 괴로운 적이 있었다.

　남의 자랑을 들을 때는 그다지 싫지는 않다. 재산이나 권력을 어떻게 거머쥐었는가 하는 말은 듣고 싶지 않지만, 취미와 같은 자랑이야기와 같이 재미있는 이야기도 많다.

　여행을 좋아해서 미지의 세계에 다녀왔다든지, 우리가 일상적으로 체험할 수 없는 일을 경험했다든지, 또는 아주 맛있는 음식을 먹고 왔다는 말을 들으면 보통 호기심이 발동하거나 미소를 지어주기도 한다. 그러나 만날 때마다 똑같은 이야기를 들으면 "그 이야기는 이전에도 들었는데."라고 말허리를 자르는 것도 미안한 마음이 들어, 그때마다 "우와, 대단한데."라고 처음 듣는 것처럼 놀란 척할 수도 있다. 그러나 "자랑할 수 있는 것이 저것밖에 없는 것인가?" 하고 오히려 불쌍해 보이기도 하며 "또 만나요."라는 말을 들으면 왠지 거북한 마음이 들기도 하는 것이 인지상정이다.

한 가지 자랑을 언제까지나 반복하는 사람은 그다지 철이 들지 않은 사람이다.

"자, 이번에 그 사람을 만났을 때에는 어떤 자랑을 할까? 이번에는 포토샵을 배운 것을 자랑할까? 다음에는 중국어를 공부해서."라고 새로운 자랑거리를 풍부하게 만들어야 한다. 성장하는 것만큼 자랑거리도 늘어나기 마련이다.

Key Point

자랑하는 것은 좋지만 만날 때마다 똑같은 자랑은 금물이다.
- 재산이나 권력에 대한 자랑보다는 취미에 관한 자랑을 해야 한다.
- 자랑을 했을 때 상대방의 자랑에도 귀를 기울여야 한다.
- 상대방을 경시하는 자랑이 아니라 서로 자극을 받아 발전할 수 있는 자랑을 해야 한다.
- 자랑하기 위해서라도 새로운 도전을 해야 한다.

7
항상 흥분한 상태의 사람은 자신도 모르는 사이 미움을 받는다

언제 어디에서나, 누구를 만나든지 필요 이상으로 감정이 고조된 채 말하는 사람이 있다.

코미디 프로에서 개그맨이 하는 것과 같은 말투는 밝고 재미있기는 하다. 그러나 피곤할 때나 기분이 우울할 때, 어려운 문제로 고민하고 있을 때에는 견디기가 어렵다.

지금 상대가 어떤 기분인지를 고려해서 말을 한다는 것은 사람과의 관계에 있어서 아주 중요하다.

"뭐야, 벌레 씹은 듯한 얼굴을 하고 있어, 좀 즐겨."라고 가볍게 말을 건 상대로부터 "지금, 그럴 기분이 아니야. 내버려 둬."라고 외면을 당한 경험은 없는가? 그것은 상대에 대한 배려가 부족하다는 것의 반증이다.

사람은 조용히 혼자 있고 싶을 때가 있다. 그런 상대의 심경을 헤아려주는 것도 말하는 법의 방법 중 하나이다.

덧붙여 말하자면 우울증에 빠진 사람에게 "힘내, 정신 차려."라고 말하는 것은 금물이다. 점점 더 우울증이 심해지는 결과를 초래하는 경우가 많다.

Key Point

상대의 심경을 헤아려서 때로는 조용히 말을 해야 한다.
- 밝은 말투가 감정이 고조된 말투는 아니다. 너무 요란한 것은 좋지 않다.
- 감정이 고조된 말투가 흥이 나는 말투는 아니다. 따라가지 못할 때도 있다.
- 어른이 되면 학생시절 미팅 때 쓰던 말투는 버려야 한다.
- 상대의 심경에 맞춰서 말의 높낮이를 바꿔야 한다. 우울해 하는 사람에게는 조용하게 말을 걸어야 한다.

8
감정이 풍부한 말투와 감정적인 말투

"있잖아, 이거 이렇게 하면 될까?" 하고 물었을 뿐인데 "그런 거까지 나한테 물어보면 어떻게 해. 알아서 해. 정말 피곤한 사람이야."라고 감정적인 반응을 당한 적은 없는가?

"그만한 일로 그렇게 화를 낼 필요는 없지 않나." 하고 말하고 싶을 때도 있었을 것이다. 단지 상대방의 기분이 좋지 않은 상태였기 때문일지도 모른다. 그렇다고 해서 나에게 화를 낼 필요까지는 없지 않나 하고 말이다.

사소한 일로 화를 내는 사람이 있는가 하면 눈물까지 글썽이는 사람도 있다. 뭐가 그렇게 즐거운지, 기쁜지, 터무니없이 감정이 격앙되는 사람도 있다.

인간은 상황에 따라 감정이 말투에 나타나는 경향이 있다. 모든 사람들이 로봇처럼 감정을 전혀 겉으로 드러내지 않는 말투로 말한다면 사람과 사람과의 관계는 무미건조할 것이다. 하지만 그렇다 해도 적당히 표현하는 상태라면 상관없지만, 감정에 휘둘리는 상태라면 곤란하다.

'인생은 연기다.' 라는 셰익스피어의 말처럼 시나리오에 따라 자신을 조절해야 한다. 자기 조절에 실패하면 감정표현은 연기가 아닌 무대의 진행을 엉망진창으로 만들어버릴 뿐이다.

Key Point

말투가 감정에 휘둘리지 않도록 해야 한다.
- 말투에 희로애락을 섞는 것은 좋지만, 자기 조절에 실패한 감정표현은 금물이다.
- 감정표현은 능숙한 연기이다. 자연스러운 감정표현이라야 한다.
- 감정이 폭발하는 것은 스트레스가 쌓여 있기 때문이며, 그 스트레스는 말투에 나타나기 마련이다.
- 너그러운 마음은 감정이 풍부한 좋은 말투에서 나타난다.

9
헤어질 때의 한마디가 가슴속에 오래 남는다

헤어질 때 "오늘 만나서 정말 좋았어. 다음에 꼭 다시 만나고 싶어.", "오늘 당신과 이야기를 할 수 있어서 정말 재미있었어요."라는 다정한 한마디는 사람의 인상을 180도 바꿔준다.

가슴속에 따스한 여운이 계속 남아서 '또 만나고 싶다.' 라는 기분을 들게 한다.

상대방에게 '그렇게 생각하게 하는 것'이 사람과의 만남에 능숙한 사람이다. "자, 그럼 안녕."이라는 말만으로는 그것으로 끝일 뿐 다음 만남으로 이어지기가 어렵다.

만날 때 밝은 인사를 건넬 수 있는 사람이 헤어질 때도 다정한 한마디를 할 수 있으며, 그 한마디가 도깨비 방망이처럼 친구관계를 점점 더 깊고 넓게 해준다.

중요한 것은 시작과 끝이다. 도중에 어떤 말을 하는지는 그 사람의 성격이라는 측면에서 보면 그다지 중요하지 않다. 반대로 이야기해서, 아무리 노력해서 이야기를 진행해도 처음 인사와 헤어질 때의 인사가 인상적이지 않으면 좋은 인상을 남길 수가 없는 것이다.

그렇기에 자신만의 대사를 준비해 두어야 한다. '즐거웠다.', '재미있었다.', '또 만나고 싶다.', '좋은 시간을 보낼 수 있었다.', '좋은 추억이 될 것이다.', '좋은 이야기를 들었다.' 등등 간단하고 알기 쉬운 말을 진심 어린 표정으로, 감정이 풍부하게 말하는 것이 중요하다.

Key Point

헤어질 때의 한마디로 호감도가 상승하지만 자신만의 대사를 준비해야 한다.
- '잘되면 좋겠네요. 그렇게 되기를 기원할게요.' 라는 기원 대화법을 써야 한다.
- '조심해, 비가 올 것 같으니까?' 라는 배려 대화법을 써야 한다.
- '힘내, 내가 응원하고 있으니까?' 라는 격려 대화법을 써야 한다.
- '또 만나요. 다음 달은 어때요? 혹시 시간이 되면' 이라는 기대 대화법을 써야 한다.

10
'일상의 잡담'이 인간관계를 호전시킨다

사람을 처음 만났을 때, 동네사람과 전철 안에서 우연히 만났을 때, 어떤 사람과 단둘이만 있게 되었을 때, 옛날 친구와 오랜만에 만났을 때는 어떤 말로 대화를 시작하면 좋은가?

가장 좋은 것은 그날의 날씨이다. "오늘 날씨가 정말 좋네요.", "오늘같이 더우면 손수건이 꽤나 필요할 것 같아요."라는 말로 서두를 건네는 것이다.

일상의 이야기도 좋다. "요즘 많이 바쁘신가 봐요?", "이거 도무지 시간이 없어서요."와 같은 이야기이다. 신문의 스포츠 기사를 보고 "어제 야구는 보셨나요? 올해는 어느 팀이 우승할까요?"와 같은 이야기도 좋다.

일반적으로 여행지에서 알게 된 사람과 친해지기 위해서 자주 사용하는 방법의 하나가 그 지방의 사투리이다. "무섭다는 말은 여기 사투리로 뭐라고 하죠?" 하고 물어보는 것이다.

그렇다고 자기를 과시해서는 안 된다. 상대의 신경을 거슬리지 않는 무난한 화제로 대화를 시작하면 좋다. 무난한 화제이기 때문에 허물없는 대화가 가능하다.

사람은 인생의 3분의 1을 잠을 자면서 보낸다고 하지만, 대화의 3분의 1은 부담 없는 일상의 이야기로 이루어져 있기 때문이다. 좀 이상하게 들릴지도 모르지만 충실하고 허물없는 이야기를 할 수 있는지의 여부가 사람을 사귀는 관건이다. 이것이 불가능한 사람은 사람을 사귀는 것도 서툴기 마련이다.

Key Point

사람과 잘 어울리지 못하는 것은 부담 없는 일상의 이야기를 할 수 없기 때문이다.
- 적당한 화제를 찾을 수 없을 때의 대처법은 날씨이야기나 스포츠 혹은 연예계 이야기를 한다.
- '오늘 날씨는'이라고 부담 없는 세상이야기를 할 수 있도록 노력해야 한다.
- 듣고 있는 사람이 질리지 않도록 하는 방법은 일상의 이야기에 있다.
- 주부들의 평범한 잡담에서 배워야 한다. 친구의 폭은 일상의 잡담으로 넓어져 간다.

11
'말이 굼뜬 사람'은 아직 어른이 아니다

"영화? 음, 가고 싶지만 어떻게 할까. 재미있어? 흠, 영화만? 영화 보고 나서 어디 갈 거야? 아, 그렇군."

"그거 내 일이야? 아니, 내가 해도 상관은 없지만. 그래도 내가 아니어도 괜찮지 않을까. 아니, 하고 싶지 않다는 말이 아니라, 그런 말이 아니라." 하고 굼뜨고 우유부단하게 말하는 사람에게는 "어떻게 할 것인지 확실히 말하라."고 핀잔을 주고 싶어진다.

이런 '굼뜬 말투'를 하는 사람은 자신의 말투가 얼마나 상대를 초조하게 만드는지 모르는 것 같다.

어떤 일을 결정하지 못하는 것은 심리학적으로 말하면 유아현상이라고 한다. 나이로 보았을 때는 어엿한 성인이지만 정신적으로는 아직 성인이 되지 못했기 때문이다. 다른 사람들에게

어리광을 부리고, 남의 기분을 헤아리지 못하는 것은 생각이 어리다는 증거이다. 그런 자신을 깨달으면 깨닫는 것만으로도 말투는 상당히 바뀔 것이다.

성격상 결점은 누구에게나 있다. 그 결점이 적나라하게 드러나는 것이 말투로, 결점을 자각하고 반성하고 개선할 수 있는 것이 성인이다. 언제까지 깨닫지 못한 채 굼뜬 말투를 쓰는 사람은 어른이 될 수 없다.

Key Point

감질나게 하는 말투는 사람을 초조하게 한다.
- '어떻게 할까?'라는 말은 마음속으로만 할 뿐 입 밖에 내서는 안 된다.
- 어리광을 부리는 자신을 반성하며 확실하게 말을 해야 한다.
- '어떻게 할까?' 하고 망설여 봤자 상대가 정해 주지 않는다. 스스로 결정해야 한다.
- 망설이는 것은 5초로 충분하다. 다섯까지 헤아리고 확실하게 의사표시를 해야 한다.

12
겸손한 말을 그대로 받아들여서는 안 된다

어떤 사람이 오스트리아로 여행을 갔다.

호텔에서 만난 사람이 "여기는 변경(邊境)입니다."라는 말을 하기에 '이 사람은 영국 사람이어서 그렇게 말하는구나.' 하고 생각하고 장단을 맞출 의향으로 "정말 말씀하신 대로네요. 영어 말투를 들어봐도, 이 나라 사람들은 사투리가 심해서 알아들을 수가 없어요."라고 말했다.

그런데 그렇게 말하면 좋아할 줄 알았던 그 사람이 불쾌한 표정을 짓는 것이었다. 나중에 알게 된 사실이지만 그는 오스트리아 사람으로 자신의 나라를 겸손하게 '변경'이라고 말한 것이었다. 오해를 해서 큰 실수를 한 것이다.

어떤 사람이 A 대학의 험담을 하기에 라이벌 학교 출신으로 생각해서 장단을 맞춰 A 대학의 험담을 했더니, 사실 그 사람은 A 대학 출신이었다. 이것도 자신이 나온 대학을 겸손하게 말한 것이었다.

당신도 상대방이 겸손하게 한 말을 그대로 받아들여서 그만 험담을 한 적이 있을 것이다. 하지만 '잘 알지 못하는 사람'이 대화 상대일 때에는 장단을 맞춰서는 안 된다.

남에 대한 험담은 조절하기가 어렵다. 자신도 모르는 사이에 터무니없는 말을 하는 경우가 많기 때문에 무서운 것이다.

Key Point

누군가를 헐뜯는 이야기로 그 사람과 사이가 좋아지려는 생각은 버려야 한다.
- 험담으로 의기투합한 상대와의 관계는 오래 지속되지 않는다. 오늘의 친구가 내일의 적이 될 수도 있다.
- 결석 재판은 서로 간에 개운치 않은 뒷맛을 남길 뿐이다. 당사자가 없는 곳에서 험담을 해서는 안 된다.
- 상대가 누군가의 험담을 시작하면 "그 사람은 좋은 사람인데."라고 칭찬하는 습관을 길러야 한다.
- 이쪽이 칭찬하면 상대는 험담을 멈춘다. 험담에는 칭찬으로 대항해야 한다.

♣ 언행의 지혜

속마음을 드러낼 것인가,
숨길 것인가?

서로 간에 자신의 마음속에 있는 것을 숨기지 않고 털어놓는 것이 친근한 관계의 반증이라고 하지만, 이것이 항상 옳은 말은 아니다.

속마음을 드러내서 상대방에게 심리적 중압감을 주는 경우도 있다. "금전문제로 곤란을 겪고 있다."고 털어놓으면 친한 관계일수록 '내가 어떻게든 하지 않으면.' 이라는 기분이 들기 마련이다.

상대방에게 그런 걱정을 하게 만드는 것이 우정일까? 친한 관계일수록 오히려 아무 말도 하지 않아야 하는 경우가 있다.

단, 자신의 속마음을 이야기하지 않더라도 속마음을 표현하는 방법이 있다. 상대의 눈을 보고 허물없이 웃으며, 온화한 말투로 이야기하고, 상대방의 말은 성의를 가지고 귀를 기울여야 한다. 무뚝뚝한 표정의 말투, 상대방과 눈을 맞추려고 하지 않는 말투, 이런 닫힌 마음의 말투로는 마음은 통하지 않는다.

Chapter 3

밝은 부탁법과 거절법으로 스트레스를 극복한다

'무엇 때문에 거절하는가.'를 설명하지 않고 "안 돼요. 그렇게 할 수 없어요. 절대로……."라는 말을 남기고 자리를 떠난다면 '저런 사람에게 부탁을 한 내가 바보지.' 하고 후회를 한다.
같은 '노'라는 말을 들어도 "지금 도저히 시간을 낼 수가 없어서……."라고 그 이유를 설명해준다면 그다지 나쁜 인상을 갖지 않고 "그럼 어쩔 수 없네요."라고 가벼운 마음으로 물러설 수가 있다.

1
강압적인 명령을
들었을 때의 기분은 어떤가?

"저기, 부탁하고 싶은 게 있는데요."라는 말을 들은 사람은 대체로 불안한 표정을 짓는다.

'부탁이라니, 어떤 부탁? 내가 들어줄 수 없는 것을 부탁하는 게 아닐까? 터무니없는 일을 부탁해서 괜히 골치 아파지지는 않을까? 혹시 나를 속이는 게 아닐까? 혹시 들어줬다가 곤란한 일을 당하는 게 아닐까? 음, 어떻게 거절하면 좋을까?' 라고 수많은 '물음표'가 머릿속에 가득하기 때문에 자신도 모르는 사이에 '불안한 표정'을 짓게 되는 것이다.

부탁을 잘하는 사람은 상대방의 마음에 생기는 '물음표'라는 불안감을 능숙하게 제거해 주는 사람이다.

가장 해서는 안 되는 것이 권력을 앞세워 "상사의 말을 무시하는 것인가? 잠자코 시키는 대로 하게."라는 것이다. 자신의 말에 설득력이 없기 때문에 권력을 앞세우는 것이다.

일을 잘하는 사람은 타인에게 일을 부탁하는 것이 능숙하다. "잠자코 시키는 대로 해."라는 말은 일을 잘하지 못하는 상사의 상징이다.

Key Point

타인에게 무언가를 부탁할 때 상대의 머릿속에 생기는 '물음표'를 해소해 준다.
- "잠자코 시키는 대로 해."가 아니라 "궁금한 게 있나?" 하고 상대방의 기분을 확인한다.
- 상대방이 중얼대는 것에는 이유가 있다. 그 이유를 잘 생각해 봐야 한다.
- "잠자코 시키는 대로 해."라는 말은 일을 잘못하는 상사라는 증거이다. 유능한 상사는 상대의 말을 잘 듣는다.
- 명령은 하나의 대화이기에 대화라는 태도로 명령을 해야 한다.

2
부탁이 서툰 대부분의 원인은 설명부족이다

좋은 말로 부탁을 하면 상대방은 납득을 한다. 그러나 서툴게 부탁을 하면 상대방의 불안감은 커진다. 서툰 부탁 중 의외로 많은 것이 '설명부족'이다. 어떤 사람이 이번 신문에 낼 광고의 원고를 가지고 와서 "이거 좀 부탁할게요."라고 말한 채 그대로 나가 버린다면 상대방은 곤란해 할 것이다.

먼저 '무엇을 하라는 것'인지 알 수가 없다. 원고가 잘못됐다는 것인지, 교정을 해달라는 것인지, 또는 광고 내용을 확인해 달라는 것인지, 자신에게 광고회사나 인쇄소에 보내달라는 것인지 모른다. 혹은 지금 바로 해야 하는 것인지, 시간이 날 때 해도 되는 것인지, 게다가 자신이 해주기를 바라는 것인지, 아니면 자신이 있는 부서의 책임자가 해주기를 바라는 것인지 도대체 알 수가 없다.

이런 상태라면 '부탁을 하는 것은 좋은데 어떻게 하면 좋을지' 불안만 커질 뿐이다. 설명부족을 초래하지 않기 위해 요점을 미리 정리해서 간단명료하게 지시하는 것이 최소한의 '부탁 방법'이다. 그렇지 않으면 부탁을 받은 사람이 혼란스러워한다. 업무가 진척되지 못하기 때문에 나중에 부탁한 사람도 곤란해진다.

Key Point

'무엇을', '누구에게', '어떻게' 명령할 것인지는 정리하고 나서 명령을 해야 한다.
- '누구라도 좋으니 해둬라.'가 아니라 누구에게 명령하고 있는지를 확실히 해야 한다.
- '적당히 해둬라.'가 아니라 어떤 방법으로 할지를 지시해야 한다.
- '가능하면 서둘러 줘.'가 아니라 언제까지 하라는 기한을 정해줘야 한다.
- 일을 맡긴 채로 내버려두지 말고 '끝나면 연락하라.'고 말해야 한다.

3
부탁할 때 '금전문제'를 명확히 해야 한다

또 한 가지 금전문제도 명확히 해야 한다.

어떤 사람이 상사에게 "지금 바로 광주까지 출장을 갔다 와라. 급하다."라는 말을 듣고 비행기를 탔다. 그런데 돌아와서 출장비를 청구할 때, 회사규정상 출장지보다 먼 곳은 비행기를 이용해도 좋지만, 이번 출장지까지는 KTX 열차 교통비밖에 충당되지 않는다는 것을 알게 됐다. 울며 겨자 먹기 식으로 자비로 출장비를 충당했다고 한다.

한 프리랜서 저널리스트가 잡지사로부터 "이 건에 대해 조사해 달라."는 의뢰를 받고 자료의 수집과 현지취재를 하는데 얼마간의 경비가 들었다. 그런데 나중에 "기획이 취소되었으니 조사하지 않아도 된다."라는 소식을 들었다. 이제까지 든 비용은 "기획이 취소되었으니 지불할 수 없다."는 답변을 들었다고 한다. 저널리스트의 기분이 어땠는지 짐작할 수 있을 것이다.

일의 의뢰를 받았을 때, 먼저 금전문제를 확인하는 것이 바람직하지만, 금전적인 문제를 꺼내기가 어려운 경우도 있다.

금전문제는 부탁을 하는 쪽이 사전에 설명을 하는 것이 바람직하다.

Key Point

부탁을 하는 사람이 금전문제를 설명한다.
- 필요 경비가 들 때에는 사전에 분명하게 설명해 줘야 한다.
- "우선 자비로 충당하라."가 아니라 "선불로 지불할 테니 나중에 정산하라."고 해야 한다.
- 일이 끝나고 나서도 금전문제는 확실히 정산해야 한다.
- 금전문제가 확실치 않은 일은 화근이 될 수 있다.

4
득을 보는 부탁법과 득이 되지 않는 부탁법

　부탁을 할 때 '무엇을 위해 이것을 하라.'라고 말해 둘 것인지, 단지 '이것을 하라.'라는 말만으로 끝낼 것인지, 어느 쪽을 선택하는지에 따라 결과에 엄청난 차이가 난다.
　'이거 해줘.'라는 말뿐이라면 아마 상대방은 '이것만 해두자.' 만으로 끝낼 것이다. 그러나 '무엇 때문에'라는 이유를 설명하면 그 이상의 일을 기대할 수 있다.
　"내일 영업소에 사장님이 방문하는 일로 회의를 하기로 했다. 사장님에게 보고할 금년도 판매실적 자료를 만들어 달라."고 말하면 지시를 받은 사람은 자료뿐만 아니라 회의실도 깨끗이 청소해 둘 것이다. 나중에 격려 연회를 열지도 모르기 때문에 적당한 식당도 조사해 둘지도 모른다.
　그러나 "금년도 판매실적 자료를 만들어둬라."라는 말만으로는 지시를 받은 사람은 잊어버릴 수도 있고, 당일에 '깜빡 잊어버렸다'라고 말할 위험도 있다.

'무엇 때문에'라는 설명을 해두면 여러 가지 준비를 기대할 수 있다. 그 일의 중요도를 자기 나름대로 판단해서 가장 먼저 처리해 둘 것이다. 또 목적의식을 확실히 해줌으로써 의욕을 고취시킬 수도 있는 것이다.

Key Point

'이거 해두게.'라고 명령을 할 때에는 '무엇 때문'이라는 설명도 덧붙여야 한다.
- "저 사람은 눈치가 없다."라고 화를 내서는 안 된다. 지시하는 법이 나쁠지도 모른다.
- '무엇 때문'이라는 목적의식을 가지게 함으로써 부하직원에게 창의와 의욕이 생긴다.
- 부하직원이 예스맨이 되는 것은 지시하는 법이 나쁘기 때문이다.
- "이렇게 하는 게 좋지 않을까요?"라는 말을 듣는 것은 지시하는 법이 좋다는 증거이다.

5
인간관계는 '거절방식'으로 결정된다

　때로는 다른 사람의 부탁을 거절해야 할 때가 있다. 그럼 어떻게 거절하는 것이 좋은가?

　부탁을 하는 사람의 입장에서 보면 '노'라는 말을 들어도 어쩔 수 없지만, '무엇 때문에 거절하는지.'를 설명하지 않고 "안 돼요. 그렇게 할 수 없어요. 절대로……."라는 말을 남기고 자리를 떠난다면 '저런 사람에게 부탁을 한 내가 바보지.' 하고 후회를 한다.

　같은 '노'라는 말을 들어도 "지금은 도저히 시간을 낼 수가 없어서……."라고 그 이유를 설명해 준다면 그다지 나쁜 인상을 갖지 않고 "그럼 어쩔 수 없네요."라고 가벼운 마음으로 물러설 수가 있다.

　'노'가 발단이 되어 인간관계가 '엉망진창이 됐다.'라는 경우의 대부분은 거절방법이 원인이다. 이 한 마디가 종종 "저 사람은 자기밖에 모른다.", "정말 가까이 할 사람이 못 된다." 라는 험담을 듣게 만들기도 한다. 성의 없이 거절하지 말고 성의를 다해서 거절하면 그런 일은 없을 것이다.

직접 만나서 거절할 때도 있지만 서면으로 거절하는 방법도 있다. 파티나 결혼식의 참석여부를 알려달라고 할 때에는 참석할 수 없는 이유를 간단히 설명해 주는 것이 좋은 인상을 준다.

Key Point

거절방법 하나로도 인간관계에 금이 가므로, 성의를 가지고 거절해야 한다.
- 바로 그 자리에서 거절하지 말고 먼저 상대의 이야기를 끝까지 들어야 한다.
- '할 수 없다.'라는 말만으로 거절하지 말고 상대가 납득할 수 있는 거절의 이유를 말해야 한다.
- '부탁한 내가 바보였다.'가 아니라 '어쩔 수 없군.'이라고 생각하게 하는 거절방법을 익혀야 한다.
- 엽서나 서류로 거절 통보를 할 때에는 그 이유를 덧붙여 설명해야 한다.

6
'예스' 인지 '노' 인지를 분명하게 말하지 않는 사람

　'예스' 인지 '노' 인지 분명히 말하지 않는 사람의 심리는 거절하고 싶지만 '내가 '노'라고 말해 버리면 실망하지 않을까? 실망하게 만드는 건 미안해서.'라고 나름대로 신경을 쓰고 있는 것이다.

　하지만 불필요한 기대감을 갖게 하는 것도 죄이다. '해준다.'고 생각했는데 나중에 "곰곰이 생각해 봤는데 역시 할 수 없을 것 같다."라는 말을 들으면 "약속했잖아."라는 말을 듣게 된다. 거절한 사람의 입장에서 보면 '약속은 하지 않았다.'라고 말할지도 모르지만 그것이 사람의 마음인 것이다.

　'노'라고 말을 해야 할 때에는 그 자리에서 '노'라고 말하는 것이 화근을 남기지 않는 방법이다. 만약 그 자리에서 대답을 할 수 없을 때에는 "조금 생각해 보겠지만."이라고 말한 뒤

"하지만 너무 기대하지는 말라."라고 덧붙이는 것이 좋다.

아무리 거절해도 집요하게 부탁을 해오는 사람에게는 "아무리 부탁을 해도 들어줄 수가 없네요. 이제 그만 이야기는 여기서 끝냅시다."라고 '냉정하게' 매듭짓는 것이 좋다.

어느 경우든 '예스'나 '노'를 애매모호하게 해두는 것은 불필요한 오해를 초래해서 문제를 일으킨다.

Key Point

불필요한 오해를 초래할 수 있으니, '예스'인지 '노'인지는 분명하게 말한다.
- 대답을 미루는 것은 금물이다. 거절할 것이라면 그 자리에서 거절해야 한다.
- 상대에게 불필요한 기대를 걸게 하는 거절방법 대신 분명하게 할 수 없다.'고 말해야 한다.
- 분명하게 거절하는 것이 응어리가 남지 않는다. 애매하기 때문에 응어리가 남는 것이다.
- 단호하게 거절할 때에는 자신의 어려운 상황을 설명하고 간접적으로 거절해야 한다.

7
명랑하게 '노'라고 말하는 사람은 분위기를 어둡게 하는 사람이다

부탁받은 일에 대해 "안 돼, 못 하겠어."라고 거절할 때에는 응어리가 남지 않도록 밝은 분위기를 만들 필요가 있다. 그래서 먼저 "그런 귀찮은 일을 부탁하다니, 실례잖아."라는 태도를 겉으로 표현하거나, 말로 드러내지 않도록 해야 한다.

상대방도 곤란해서 도움을 요청한 것이다. 당신이라면 '어떻게든 해줄 것이다.'라고 기대하고 있는 것이다. 그것을 '왜 나한테 왔느냐.' 같은 태도를 취한다면 배신당한 기분이 들뿐 아니라 악감정도 생길 수 있다. 먼저 성심성의를 다해 '도와주지 못해서 정말로 미안한' 심정을 전해야 한다.

물론 '노'라고 말할 수밖에 없는 이유도, 상대도 '그럼 어쩔 수 없네요.'라고 납득할 수 있는 방법으로 충분하게 설명하는 것도 중요하다.

덧붙여 밝은 분위기라고 하지만 웃으면서 "안 돼."라고 말하는 것은 상대방을 비웃고 있는 듯한 분위기가 될 수 있으니, 주의하기 바란다.

웃는 얼굴을 보이는 것보다 미안한 얼굴을 하면서 "또 다른 일이 있으면 찾아와. 그땐 도울 수 있을 거야."라는 한 마디를 덧붙이는 것을 잊지 말아야 한다.

Key Point

'노'라고 할 때는 분위기가 어두워지지 않도록 귀찮은 얼굴을 하지 말아야 한다.
- 무덤덤한 얼굴로 "안 돼."라고 말하지 말고 밝게 "이번에는 도와주지 못하지만 다음에는 도울 수 있을 거야."라고 말해야 한다.
- 귀찮은 얼굴로 "안 돼."라고 하지 말고 미안한 얼굴로 "미안해."라고 말해야 한다.
- 거절하고 모른 체하지 말고 나중에 "어떻게 됐어?" 하고 신경을 써줘야 한다.
- "난 도울 수 없어."라는 말로 끝내지 말고 "○○○에게 부탁해 보면 어떨까?"라고 조언한다.

8
서툰 부탁은 실패하므로, 솔직하게 부탁해야 한다

부탁을 할 때 "부탁을 들어주면 다음에 모처의 A를 소개해 주겠다." 등과 같이 서툰 거래를 하는 사람이 있다.

과연 이런 말을 듣고 기꺼이 부탁을 들어주는 사람이 있는가?

반대로 "혹시, '노'라고 말하려는 건 아니지요? 그런 말을 하면 나중에 어떻게 될지 잘 알고 있겠죠. 곤란한 일을 겪을 거예요. 나중에 후회하고 싶지 않으면 '예스'라고 말하는 게 좋을 거예요."라는 식으로 말하는 사람도 있다.

이런 말을 들으면 오히려 화가 날 것이다. "누굴 바보로 아나."라고 되받아치고 싶어진다.

어느 쪽이든 서툰 거래는 상대방에게 혐오감을 준다. 거래하는 듯한 인상을 풍기면 '예스'라고 말하려다가도 저항감을 느끼고 '노'라고 말하는 경우도 있다.

'안 좋은 일을 당할지도 모른다.', '~하지 않는 게 좋을 거야.'라는 말이 상대방의 기분에 거슬려 결국 '노'라고 말하게 만들기 때문에 이런 방식은 쓰지 않는 것이 좋다.

Key Point

부탁을 할 때에는 거래하는 듯한 인상을 풍기는 말은 삼가야 한다.
- '~을 해주면 ~을 해준다.'로 부탁을 하면 '예스'도 '노'가 된다.
- '~을 해주지 않으면, 곤란한 일을 당할 것이다.'라고 위협하면 반발만 생긴다.
- 거래를 하는 것처럼 말하지 말고 솔직하고 정중하게 부탁을 한다.
- 서툰 거래를 하면 지나친 보상을 요구해서 결국 손해를 본다.

9. '모두'라는 말을 잘못 사용하면 반감을 살 수가 있다

"쓰레기 버리는 날은 화요일, 목요일, 일요일입니다. 그 밖의 날에는 쓰레기를 버리지 마십시오. 당신이 규칙을 위반하기 때문에 모두가 피해를 입고 있습니다."

"당신의 글씨는 정말 엉망이에요. 좀 더 정성을 기울여 쓸 수 없나요. 당신이 쓴 보고서는 알아볼 수가 없다고 모두 말하고 있어요."

이런 '모두 피해를 입고 있다.', '모두 그렇게 말하고 있다.'라고 말하는 것은 설득 방법으로써는 대단히 효과적이지만 상대의 마음속에 '뭐야, 잘난 체하고 있군!' 이라고 깊은 응어리를 남기기 쉬운 말투이다. 불필요한 한마디라고 할 수 있다. 본래 '하지 마세요.', '반성하세요.' 만으로도 충분한데, 그 위에 '모두'라는 말을 써서 상대방에게 압박을 가하는 것이다.

그래서 효과적인 반면 상대방은 이쪽의 말을 받아들이면서도 마음속으로는 원망하고 있는 경우가 많다.

'모두 당신을 칭찬하고 있다.', '당신 덕분에 모두 기뻐한다.'라고 말하는 것은 좋지만 부정적인 말을 들었을 때, '모두'라는 말은 마음을 무겁게 짓누른다.

강한 약일수록 부작용도 강하다. 말도 사용 방법이 좋으면 효과적이지만 잘못 사용하면 강한 부작용이 나올 수가 있다.

Key Point

'모두에게 피해를 준다.', '모두 그렇게 말하고 있다.'라는 말로 무언가를 강요하는 것은 금물이다.

- '모두 곤란해 하고 있다.'가 아니라 '그만두세요.'라는 한마디로 충분하다.
- '모두들 말하고 있다.'가 아니라 '고치는 게 좋겠어요. 부탁할게요.'라고 한마디만 한다.
- '모두 칭찬하고 있다.'는 좋지만 '모두 비난하고 있다.'는 화근을 남기므로 금물이다.
- '모두'라는 말로 자신만의 생각을 관철시키려고 하면 안 된다.

10
'그만두세요.'로 반발하고, 구체적인 예로 설득한다

 '무언가를 해달라'고 말하는 것도 어렵지만 '무언가를 해서는 안 된다'는 말도 마찬가지이다. 고압적으로 '안 된다.', '하지 마라.', '그만둬.'라는 말만으로는 반발심만 강하게 만든다. '그만두라고?, 이게 나의 방식이다.'라고 오히려 상대방을 강경하게 만드는 경우도 있다.

 이때 효과적인 것이 구체적인 예를 들어 말하는 것이다.

 어느 젊은 배우가 어떤 TV 드라마에 출연한 것이 계기가 되어서 갑자기 인기가 올라갔다고 한다. 드라마 출연 외에도 광고나 오락 프로에서부터 가수 제의, 이벤트까지 수많은 출연 제의가 들어와서 요즘 정신이 없다고 한다. 그것을 보고 예전부터 그의 재능을 간파하고 있던 프로듀서는 걱정이 됐다고 한다. 바쁜 것은 좋지만 여기저기 너무 많은 일을 동시에 하는 것은 배우로서의 재능을 허비하는 것이 아닌가, 하고 말이다.

그래서 프로듀서는 그를 만나서 예전에 자신이 알고 있던 배우 중에 인기를 얻게 되자 교만해져서 공부를 게을리 하여 자멸하고 말았다는 이야기를 해주었다. 직접적으로 "지금의 당신의 일들을 조정하라."라는 말을 하지는 않았지만 그 배우는 '이것은 자신을 말하고 있는 것이다.' 라는 것을 깨닫고 반성을 하여 여기저기 얼굴을 내밀던 일들을 자제했다고 한다. 상대방의 자존심을 상처 입히지 않기 위해서라도 구체적인 예를 들어 말하는 것이 좋다.

Key Point

'그만둬라.' 라는 마음을 전하기 위해서는 예를 들어 이야기한다.

- '그만둬.' 라고 무리하게 강요하는 것보다, 예를 들어 이야기하면서 자각시킨다.
- '그만두라.' 는 말을 들으면 계속하고 싶은 것이 인지상정이다. 말하는 방법을 바꿔야 한다.
- 남에게 강요를 받는 것보다 스스로 깨닫는 것이 그 사람을 위해서도 좋다.
- 상대방의 자존심을 짓밟는 것은 충고가 아니다. 자존심을 존중하면서 충고해야 한다.

11
'쓴 약은 먹기 쉽게' 그리고 충고에는 칭찬을 덧붙인다

'타인의 행동이나 습관을 개선시키기 위해서는 칭찬하고 나서.'라는 방법이 있다. 책상이 항상 어질러져 있는 부하직원에게 "정리 정돈에 신경을 쓰라고 하지 않았나."라고 화를 내는 기분은 이해할 수 있지만, "자네는 추진력도 있고 일도 잘하지만, 책상은 항상 어질러져 있더군. 지금 자네에게 정리 정돈하는 습관이 생긴다면 금상첨화일 텐데."라고 말하는 편이 훨씬 효과적이다.

만약 애인의 옷차림이 마음에 들지 않는다면 어두운 색조의 옷만 입는 것을 개선시키기 위해 "그 옷, 자기한텐 어울리지 않는 것 같아."라고 말하는 법도 있지만, "자기 웃는 얼굴은 아주 매력적이야. 그 매력적인 웃는 얼굴에는 좀 더 밝은 색조의 옷이 잘 어울릴 것 같아."라고 말하는 것이 효과적이다.

칭찬의 말은 사람의 마음을 부드럽게 한다. 부드러워진 마음이 남의 조언을 받아들이기 쉽기 때문에 칭찬하고 조언을 하는 것이다. 쓴 약은 오블라투(oblato, 녹말로 만든 반투명한 얇은 종이)에 싸서 물과 함께 마시면 마시기가 쉽다. 혹독한 충고를 칭찬이라는 오블라투에 싸서 하는 것이다. 그러면 상대는 "그러고 보니 그런 것 같아."라고 순순히 납득할 것이다. 쓴 약을 그대로 먹으면 너무 써서 뱉어버리기도 한다.

Key Point

행동이나 습관을 고치는 충고를 할 때에는 칭찬을 한마디 하고 나서 말한다.
- 칭찬은 마음을 부드럽게 한다. 부드러워진 마음은 남의 충고를 순순히 받아들인다.
- 단지 충고만으로는 반항심만 생길뿐이니, 칭찬으로 유도한다.
- '그래서 안 된다.'가 아니라 '이렇게 하면 좀 더 멋있다.'라고 말하는 것이 좋다.
- '더 멋있다.'는 말에 상대는 납득하고, '그래서 안 돼.'라는 말에 사람은 무능력해진다.

♣ 언행의 지혜

히스테릭하게 말하는 사람일수록
유망한 것인가?

　부끄러운 듯이 말하는 사람을 보고 '배포가 작은 것 같다.' 라는 인상을 받는 사람도 있겠지만 '귀엽다.', '친근감이 든다.' 라고 호감을 갖는 사람도 있다. 말투가 다른 사람들에게 어떤 인상을 주는지는 상대방이 어떻게 받아들이는지에 따라 달라진다.

　그런데 백발백중 다른 사람들에게 깊은 인상을 주는 말투가 있다. 감정적으로 말하는 법으로 정신과에서 히스테릭이라고 말하는 것이다. 생각대로 되지 않는 일이 있으면, 곧 감정을 폭발시킨다. 히스테리를 일으키기 쉬운 성격을 가진 사람은 남들 눈에 띄고 싶어 하는 사람으로 야심이 강하고 저돌적이다.

이것은 절대로 나쁜 것이 아니다. 성공한 사람 중에 이런 타입이 적지않지만, 단 한 가지 조건이 있다. 자신을 컨트롤하는 능력을 갖추는 것이다. 화가 머리끝까지 치밀어 올라 말하는 것이 감정적이 되려고 해도 마음을 진정시키고 이성을 회복한 후에 말을 할 수 있어야 한다. 이것이 인망을 얻는 조건이다.

Chapter 4

잘 들어주는 사람은 말도 잘한다

대화를 고조시키는데 중요한 것은 '어째서?', '어떻게?', '왜?' 라는 듣는 사람의 의문이다. 호기심이 있는 사람은 대화 속에서 이런 의문들을 효과적으로 사용한다. '어떻게', '왜' 라고 묻는 것은 '나는 당신의 이야기를 재미있게 듣고 있다.' 라는 의사표시이다. 그것을 알고 있기 때문에 상대도 흥이 나고 두 사람의 대화는 점점 고조되어 가는 것이다.

1
어색한 침묵은 누구의 탓인가?

갑자기 대화가 끊겨서 어쩐지 어색한 분위기로 흐를 때가 있다. 그 원인의 대부분은 말하는 사람에게 있는 것이 아니라 듣는 사람에게 있다.

대화는 리듬이다. 탁구에서 공을 치듯이 대화를 주거니 받거니 하는 것이 대화이고 그런 대화는 재미가 있다.

남의 이야기를 듣는 둥 마는 둥 하는 태도, 먼 곳을 바라보면서 눈을 마주치려고 하지 않는 태도, '시시한 이야기를 하고 있구나.' 하는 듯한 태도 등 이런 듣는 사람의 태도가 말하는 사람의 이야기의 흐름을 방해하고 어색한 침묵을 만든다.

어떤 사람은 강연을 할 때, '어쩐지 어제는 청중 중에 무관심했던 사람이 많았던 것 같았다.' 라는 느낌이 들었을 때 강연을 하기 거북했다고 한다. 말이 중간에 끊기거나, 무슨 말을 하면 좋을지 몰라서 당황했다고 한다. 한편 '모두 열심히 내 강연을 듣고 있구나.'라는 느낌을 받았을 때 강연을 잘 이끌어갈 수 있었다고 한다.

   대화가 끊기거나 분위기가 어색해지는 원인이 모두 말하는 사람에게만 있는 것이 아니다. 말을 서툴게 하는 사람이라도 듣는 사람이 맞장구를 쳐주고, 시선이나 표정, 고개를 끄덕여 주는 행동에 따라 대화를 즐겁고 재미있게 이끌어갈 수 있는 것이다.

Key Point

어색한 침묵을 피하기 위해서는 남의 말을 잘 들어줘야 한다.
- 무관심한 태도는 버리고 열심히 맞장구를 치면서 이야기를 들어야 한다.
- 엉뚱한 곳에 시선을 주지 말고 말하는 사람과 시선을 맞추면서 이야기를 들어야 한다.
- 무표정하게 있지 말고 이야기에 맞춰서 여러 가지 표정을 지으면서 이야기를 들어야 한다.
- 적당히 상대의 이야기에 고개를 끄덕이면서 이야기를 들어야 한다.

2
'왜'로 이야기는 고조되고 '어, 그래'로 이야기는 끝난다

　다른 사람의 이야기를 들을 때는 왕성한 호기심을 가지고 귀를 기울여야 한다.
　"어젯밤에, 미스터리소설을 읽기 시작했는데 잠이 오지 않아서 하룻밤 사이에 다 읽어버렸어. 그래서 오늘은 잠이 좀 부족해."라고 말하는 사람의 이야기에 "그래? 어떤 이야기인데?", "주인공은 어떤 사람이야?", "시대는 현재? 아니면 과거?"라는 호기심을 보이면 이야기의 대화는 재미있어진다.
　그런데 호기심이 없는 사람은 "어, 그래. 재미있었나 봐."라고 무덤덤한 반응을 보이면 말하는 사람도 실망하고 대화는 끝나버린다. 좀 더 들어주기를 바란다.
　대화를 고조시키는데 중요한 것은 '어째서?', '어떻게?', '왜?'라는 듣는 사람의 의문이다. 호기심이 있는 사람은 대화속에서 이런 의문들을 효과적으로 사용한다. '어떻게', '왜' 라고 묻는 것은 '나는 당신의 이야기를 재미있게 듣고 있다.' 라는 의사표시이다. 그것을 알고 있기 때문에 상대도 흥이 나고 두 사람의 대화는 점점 고조되어 가는 것이다.

대화는 캐치볼이다. '어, 그래' 로 이야기를 끝내버리는 것은 공을 되돌려주지 않는 것과 같고 상대의 공을 받으려고 하지 않는 것과 마찬가지이다. 이야기가 흥이 나지 않을 뿐더러 '어쩐지 거북한 사람' 이라는 인상을 심어준다. 의문부호를 능숙하게 사용해야 한다.

Key Point

'왜', '어째서' 라는 의문부호를 능숙하게 사용해서 이야기를 고조시킨다.
- 무관심하기 때문에 이야기가 흥이 나지 않지만, 왕성한 호기심을 가지고 이야기를 들으면 대화는 고조된다.
- 젊은 사람에게 최신 감각을 배워야 하므로, '젊은 사람이 말하는 것은 유치하다.' 고 단정 짓지 말아야 한다.
- 나이 든 어른에게서 경험의 지혜를 배워야 하므로, '나이 든 어른이 말하는 것은 구식이다.' 라고 단정 짓지 말아야 한다.
- '어, 그래' 로 이야기를 끝내지 말고, '왜', '어째서' 로 이야기를 고조시켜야 한다.

3
무성의한 답변

　넥타이 매장에서 직원을 불러서 "내 연령대에서는 어떤 무늬가 인기가 있습니까?"라고 묻자 "그때마다 다르기 때문에 좋아하시는 걸로 고르시면 됩니다."라는 답변은 무성의한 답변이다.

　술집에서 술안주를 고를 때 "오늘은 뭐가 맛있죠?"라고 묻자 벽에 붙어 있는 메뉴를 가리키며 "저것이 오늘 가능한 메뉴이니 좋아하시는 걸로 고르시면 됩니다."라는 답변도 마찬가지이다.

　"좋아하시는 걸로.", "아무거나." 등의 말은 흔히 듣는 말이지만 인상이 그다지 좋지 않다. 형식은 정중하지만 그 내용에서는 '손님의 말은 대수롭지 않다.'라고 차갑게 거부하는 듯한 인상을 준다.

'무엇'이라고 묻고 있는 것이니 "예, 고객님의 연령대에서는 이런 게 인기가 있습니다.", "오늘의 추천 요리는 꽁치입니다. 소금을 약간 뿌려서 구운 것이지요."라고 말하면 좋은 답변이 될 것인데 "좋아하시는 걸로.", "아무거나."라는 말은 질문에 대한 답변인 듯하지만 사실은 답변이 되지 못한다.

친절한 마음이 부족하기 때문에 고객이 묻는 질문에 맞는 답변을 할 수가 없는 것이다. 친절한 마음이 있으면 상대방이 원하는 대답을 정확하게 할 수 있고 상대방의 입장을 고려한 답변을 할 수 있다.

Key Point

"좋아하는 걸로.", "아무거나."라는 불친절한 답변은 금물이다.
- "좋아하는 걸로."가 아니라 "이런 게 인기가 있다."라고 말한다.
- "아무거나."가 아니라 "이건 어떻습니까?"라고 말한다.
- 사실은 지식이 없기 때문에 "좋아하는 걸로.", "아무거나."라고밖에 말할 수 없는 것이다.
- 상대방의 의향과 취향을 잘 알아듣고, 그에 맞는 답변을 해야 한다.

4
사람의 말을
말 그대로 받아들이는 것은
어렵다

"지금은 일하는 게 정말 재미있습니다. 결혼요? 결혼은 아직 괜찮습니다. 지금은 결혼보다 일이 중요합니다."라는 말을 들은 A는 B에게 "그녀는 그렇게 말하고 있지만 사실은 애인을 만들지 못했기 때문이라는 생각이 들어. 그녀는 좀 제멋대로 행동하는 성격이 있어서."라는 식으로 말을 한다. 그러자 B는 "그녀는 제멋대로이고 다른 사람과 종종 트러블을 일으킨대." 라고 다른 누군가에게 말을 옮긴다. 그러자 다시 다른 누군가가 또 다른 사람에게 말을 부풀린다. 이런 식으로 소문이 꼬리에 꼬리를 물고 부풀려진다.

사람은 다른 사람의 말을 말 그대로 받아들이지 않는다. 악의가 있는 것은 아니지만 자기 나름대로의 해석을 덧붙인다. 해석이 정확한 것이라면 좋지만 전혀 엉뚱한 내용으로 변질되는 경우가 허다하다. 그 잘못된 내용을 제삼자에게 전하는 것이 문제의 발단이다.

"부장님이 화요일까지 해두라고 말했지만 아마 수요일까지 해도 괜찮지 않을까요."라고 말하면 그 말을 들은 사람은 '부장님이 수요일까지 하라고 했다.'라고 이해하고 일정을 잡는다.

나중에 그 사람은 "어째서 화요일까지 하지 않았어."라고 부장에게 혼이 나고, 당신은 그 사람에게 "말이 틀리잖아."라고 불평을 하면 책임문제로까지 번지는 일도 있으니 위험천만이다.

사람의 말에 어설픈 해석 등을 덧붙이지 말고 있는 그대로 들어야 한다. 누군가에게 전달할 때에는 들은 이야기 그대로 전달해야 하는 것이다.

Key Point

다른 사람의 말에 마음대로 해석을 덧붙이면 진실이 왜곡된다.

- '이 사람은 이렇게 말하고 있지만 사실은 이렇다.'라고 제멋대로 해석하는 것이 문제의 발단이다.
- '○○○는(은) ~라고 했지만, 나는 이렇게 생각한다.'가 아니라

말한 사람의 말을 있는 그대로 전달해야 한다.
- 다른 사람의 말을 너무 깊이 생각하면 그 뜻을 잘못 해석할 수 있다.
- 다른 사람의 말을 잘못 해석하면 자신이 다치는 경우가 많다.

> 5
> '응, 알았어.' 라고 말하는 사람은
> 자기 식으로 해석해서
> 실패한다

그저 잠자코 듣고 있지 말고 못 들은 부분이 있으면 다시 묻고, 의문이 있으면 확인을 해야 한다. 이런 습관을 들이지 않으면 앞장에서 말한 결과를 초래한다. 잘못 들은 부분, 의심나는 점을 자기 마음대로 해석하면 다른 사람의 이야기를 왜곡하게 된다.

"신문에 고혈압 예방에 관한 기사가 실려 있다."고 아침에 부인이 말한 것을 떠올려서 집에 돌아와서 그날 조간신문을 펼쳐보니 그런 기사는 없었다. 부인에게 묻자 "오늘 신문이 아니라 어제 신문이에요." 라고 한다.

상사에게 "거래처 ○○○에게 추석선물을 잊지 말라."는 지시를 들었다. 그런데 며칠 뒤에 '거래처의 ○○○에게서 전화가 올 텐데, 오지 않는군. 이상한데.' 라고 상사가 머리를 갸웃

거린다.

　상사가 "○○○에게 추석선물을 보냈느냐?"라고 부하직원에게 묻는다.

　부하직원이 "보내지 않았다."고 대답하자 "잊지 말라고 하지 않았나."라고 다그친다.

　이럴 때 "그거 오늘 아침신문이야?", "저희 쪽에서 보내야 하는 것이었나요."라고 확인해 두었으면 이런 낭패는 당하지 않았을 것이다.

　잘 듣는 사람은 아무 말도 하지 않고 다른 사람의 이야기에 귀를 기울이는 사람이 아니다. 대화를 하면서 상대방의 이야기를 잘 듣는 사람을 말하는 것이다.

Key Point

다른 사람의 이야기에 의문이 드는 점이 있는데도 아는 체를 하면 안 된다.
- "알았나."라는 말을 듣고 모르는데도 "알았다."라고 대답해서는 안 된다.
- 잘 듣고 있으면 의문도 생긴다. 듣지도 않으면서 "응, 응."하는 것은 금물이다.
- 확인은 그 자리에서, 그때가 좋다. '나중에.'라고 생각하면 잊어버린다.

● 잘 들어보면 상대방은 좋은 내용을 말하고 있다. 잘 듣지도 않고 '시시하다.'라고 하는 것은 금물이다.

6
잘 듣는 사람은 말의 행간을 읽는다

'행간을 읽는다.'라는 말이 있다. 문장으로 쓰여 있지 않은 곳으로부터 작가의 진의를 읽어내려는 것을 말한다. 다른 사람의 이야기를 들을 때에도 이 행간을 읽으려고 하는 노력이 필요하다.

'저 사람은 웃기는 이야기만 해주면 좋아한다.'라고 쉽사리 단정해서는 곤란하다.

예를 들어 평소에 저 사람은 밝게 생활하려고 하고, 웃기는 이야기를 좋아하지만, 때로는 그 사람도 기분이 좋지 않을 때가 있다. 이때 웃기는 이야기를 해주면 애써 웃음은 짓지만, 될 수 있으면 혼자 있고 싶어 하는 것이 사람의 마음이다.

행간을 읽을 수 있는 사람은 그런 사람의 마음을 깨닫고 "나중에 다시 올게." 하고 조용히 물러가서 혼자 있게 해준다. 그런데 행간을 읽지 못하는 사람은 그런 사람의 심경은 전혀 개의치 않고 떠들면서 "무슨 일이야? 왜 어두운 얼굴을 하고 있어? 웃어, 웃으란 말이야. 너답지 않게."라고 귀찮게 한다.

Key Point

상대방의 말만 듣지 말고 심경을 헤아리는 능력을 키워야 한다.
- 깊게 상처받은 사람에게 '힘내.'라는 말보다 '괜찮아.'라는 말이 좋다.
- 크게 낙담한 사람에게 '힘내.'라는 말보다 한동안 혼자 있게 해 준다.
- 사람에게는 말로 표현할 수 없는 것도 있다. 그 심경을 헤아릴 수 있는 것이 잘 듣는 사람이다.
- 잘 듣는 사람은 상대방의 표정이나 동작을 잘 관찰하고 신경을 쓴다.

7
잘 듣는 사람이 되는 방법은 '부드럽게 받아들이는' 표정부터다

　사람에게 귀가 두 개면서 입이 하나밖에 없는 이유는, 한 가지 이야기를 하면 두 사람의 이야기를 들어야만 한다는 뜻이라고 한다. 이것도 잘 듣는 사람이 되기 위해 명심해야 할 조건이다.
　그러나 단지 막연히 상대의 이야기에 귀를 기울이면 된다는 것이 아니다. 잘 듣는 방법이 있다. 그것은 바로 포용력이다.
　상대방의 얼굴을 노려보거나 기분 나쁜 듯이 이야기를 듣는 것은 금물이다. 턱을 내밀고 싸움을 거는 듯한 태도도 금물이다. 다른 사람의 이야기에 그 사람의 '어머니가 된 것'처럼 귀를 기울여야 한다. 그다지 내키지는 않아도 참아야 한다. 상대방이 직장상사이거나 선배이거나, 어떤 상대라도 '부드럽게 받아들이는' 표정으로 귀를 기울일 수 있으면 말하는 사람이 틀림없이 당신에게 호감을 갖게 될 것이다.

  그런 의미에서 남성보다는 여성이 훨씬 잘 듣는다. 남성에게는 기분 나쁜 태도로 다른 사람의 이야기를 듣는 경향이 있다. 소위 비판적인 태도로, 그럴 생각은 아니지만, 반론하는 자세로 보이는 경우가 있다. 한편 여성은 다른 사람의 이야기를 친절하고 상냥하게 들으려고 하는 경향이 있다. 이것은 남성들이 배워야 할 점이다.

 Key Point

기분 나쁜 표정 대신 애정을 가지고 이야기를 들어야 한다.
- 한 가지 이야기를 하면 두 사람의 이야기를 듣는다는 생각으로 귀를 기울여야 한다.
- 포용력을 가지고 남의 이야기에 귀를 기울여야 한다.
- 비판적으로 듣지 말고 애정을 가지고 귀를 기울여야 한다.
- 남의 이야기에 진지하게 귀를 기울이는 것이 자신의 이야기를 듣게 하는 방법이다.

8
다른 사람의 이야기를 끝까지 들어야 하는 이유

다른 사람의 이야기는 끝까지 들어야 한다. 끝까지 듣지 않으면 상대방이 무슨 말을 하고 있는지 알 수가 없다.

"난 A를 성격상 좋아하지 않았지만."이라고 누군가 말한다. 그때 누군가 "그래, 맞아. A는 왠지 싫어. 정말 싫어. 이전에 A와 이런 일도 있었어. 실례잖아. 그렇지 않아?"라고 말을 보탠다.

그런데 처음 말한 사람은 "좋아하지 않았지만 사귀고 보니 의외로 좋은 사람이야. 실은 이번 가을에 그와 결혼해?"라고 말하려 했을지도 모른다. "나와는 성격상 맞지 않지만, A는 너한테 호감을 가지고 있는 것 같아."라는 이야기였는지도 모른다. "그런데 A는 상무님의 눈에 들어서 이번에 부장으로 승진하게 됐데. 그렇게 되면 우리 상사가 되니 너무 심하게 험담을 하지 않는 게 좋아."라는 이야기였는지도 모른다. 그래서 남의 이야기는 끝까지 들어야 하는 것이다.

 사람은 대부분 말하고 싶은 것, 중요한 것, 결론은 마지막에 말한다. 그래서 처음의 한두 마디로 상대의 진의를 성급하게 판단하고 끼어들면 안 된다. 물론 말허리가 잘린 상대방은 당신에게 반감을 가질 수도 있다. 이것은 다른 사람들에게 미움을 받지 않기 위한 요령이기도 하다.

Key Point

다른 사람의 이야기를 끝까지 듣지 않으면 큰 낭패를 본다.
- 사람은 중요한 것은 마지막에 말한다. 도중에 이야기를 방해받으면 중요한 말을 듣지 못한다.
- '그래서 이렇다는 말이지?'라고 말허리를 자르지 말고 '응, 그래서?'라고 장단을 맞춘다.
- 상대방의 말에 자신의 말을 더하지 않는다.
- 긴 이야기 때문에 초조해지면 '잠깐 실례.'라고 말한 뒤 화장실에 간다.

9
소심한 사람의 말에 일일이 화를 내서는 안 된다

"다이어트 중이었는데, 어젯밤에는 오랜만에 친구를 만나서 술과 음식을 많이 먹고 말았어. 그런데 오늘 체중을 재보니 3kg이나 늘어서 깜짝 놀랐어."라는 말을 들으면 이내 "그러니까 당신은 의지가 약한 거야. 그 약한 의지가 업무에도 나타나는 것 같아. 업무를 끝까지 끝내지 못하잖아. 도중에 포기해 버리거나. 그래서 출세를 하지 못하는 거야."라고 그 사람의 말꼬리를 물고 늘어지는 사람이 있다. 그런 말을 듣고 좋아할 사람은 없다.

그런데 이런 유형의 사람은 상대를 가리지 않고 비꼬거나 힐난하지는 않는다. 자신보다 어린 사람, 힘이 약한 사람이면 말꼬리를 잡으려고 하지만, 상대방이 자신보다 윗사람이면 "그렇습니까? 그래도 괜찮은 것 같은데요, 전무님. 오늘부터 다시 다이어트를 하면 원상회복될 것입니다. 사실은 저도 다이어트에 도전한 적이 있습니다. 3일 만에 실패했지만요. 저는 아무래도 의지가 약한 것 같아요. 하하하······."라고 태도가 돌변한다. 좀처럼 좋아할 수 없는 사람이다.

상대방과의 역학관계를 감안해서 비난을 하거나 말꼬리를 잡고 늘어지는, 상대를 가리면서 말투가 노골적으로 바뀌는 사람 중에는 소심한 사람이 많다. 소심한 사람의 말에 일일이 화를 내서는 안 된다.

Key Point

아부나 비꼬는 말들은 자신의 인격을 깎아내린다.
- 아랫사람의 말은 비꼬기 쉽다. 그런 행동은 신망을 잃게 한다.
- 윗사람에게는 아부하기 쉽다. 그 아부로 평판이 나빠진다.
- 소심한 사람의 농담은 상대에 따라서는 아부나 비꼬는 말처럼 들릴 경우가 많다.
- 아부나 무시한다고 해서 이득이 될 것은 아무것도 없다.

10
말허리 자르기와 앵무새 흉내는 좋은 인상을 주지 못한다

남의 말을 중간에 끼어들기를 좋아하는 사람이 "며칠 전 제주도로 가족여행을 갔는데, 그런데 말이야."라고 상대방이 말하는 중간에 "나는 울릉도에 갔다 왔는데, 깜짝 놀랄 일이 있었어."라며 자신의 이야기를 시작한다.

"난 야쿠르트를 좋아해."라는 상대방의 이야기 중간에 "야쿠르트는 살이 찌는데. 몰랐어? 그런 먹는 이야기보다는."이라고 상대방의 화제를 뺏어버린다.

이것은 인간관계의 규칙위반이다. 당신이 말하는데 누군가 중간에 끼어들어 말허리가 잘렸을 때를 생각해 보자. '뭐야, 이 사람.' 이라고 불쾌할 것이다. 상대방의 기분을 헤아릴 수 있으면 다른 사람의 말허리를 자르는 것과 같은 규칙위반은 자제할 것이다.

상대방의 말을 그저 앵무새처럼 흉내 내는 사람도 있다. "제주도에 갔다 왔어.", "제주도에 갔다 왔어요?", "야쿠르트를 좋아해.", "그래? 야쿠르트를 좋아해?"라고 말하는 사람이다. 상대방의 말허리를 자르는 것보다는 나을지 모르지만, 감정이 없는 그런 말투는 좋은 인상을 주지 못한다.

그렇지만 실감나도록 "제주도에 갔었어? 겨울에는 더 아름답지?"라고 상대방의 이야기를 조금 과장해서 되물으면 좋은 인상을 준다.

Key Point

상대방의 이야기에 조금 과장해서 되묻는다.
- 다른 사람의 말을 중간에 자르지 않는다. 제멋대로고 외곬수라는 인상을 준다.
- 좋아하는 화제에만 장단을 맞추지 말고, 잘 들어주는 사람은 상대가 좋아하는 화제에도 관심을 갖는다.
- 다른 사람의 이야기를 그저 앵무새처럼 반복하지 말아야 한다. 차갑고 이기적인 인상을 준다.
- '와, 그랬구나.'가 아니라 '그랬구나, 재미있었어?'라고 한마디 덧붙인다.

11
의심하는 듯한 말투는 오히려 신용을 잃게 한다

영업부의 신입사원이 거래처에 인사를 가서 "열심히 하겠습니다. 잘 부탁드리겠습니다."라고 하자, 상대방은 "그 말 정말 믿어도 되죠. 정말로 열심히 해주시겠죠?"라고 물었다.

이 말은 '열심히 하지 않으면 곤란하다.'라는 격려와 분발을 강조하는 말이지만 듣기에 좋지 않다. 분발을 당부한다면 "저희야말로 잘 부탁합니다. 잘 해봅시다."라고 말하면 좋지 않을까 한다.

가전제품 매장 직원이 "제품을 구입하실 때에는 저에게 말씀해 주십시오. 특별히 싸게 해드리겠습니다."라고 한다. 그 말에 "정말로 싸게 해주시나요? 당신에게 그런 권한이 있나요?"라고 묻는다. 이것도 아마 '특별히 싸게 해달라. 부탁한다.'는 뜻을 강조하고 있는 것이겠지만 왠지 좋지 않은 느낌을 준다. 싸게 해준다고 했으니 '믿으니, 싸게 해달라.'고 하면 좋지 않은가?

　남녀 간에도 이런 경우가 종종 있다. "당신을 사랑한다."라고 말하는 남자에게 "정말? 그렇게 말하고서 날 속이지는 않겠죠?"라고 말하는 의도는 '절대로 그럴 일은 없다. 나에겐 당신밖에 없다. 진심으로 당신을 사랑하고 있다.'라는 남자의 대답을 재촉하려는 의도이지만 주의해야 한다. '날 의심하는 거야? 날 믿지 않는다면 좋아. 안녕.'이라는 말을 들을 수도 있다. 의심하는 듯한 말투는 오히려 신용을 잃을 수도 있으니 조심해야 한다.

Key Point

밝은 말투 키포인트

상대방의 말을 믿기 때문에 그 사람은 성의를 다하려고 한다.
- '정말로 괜찮아?' 보다는 '믿는다. 힘내.'라고 말한다.
- '정말?'이라는 말을 자주 사용하지 말아야 한다.
- '정말?'이라는 말을 입버릇처럼 사용하는 사람은 주의해야 한다. 입버릇이 인상을 나쁘게 한다.
- 의심스러워도 일단 신뢰하지만 거짓말일 때의 대책도 생각해 둬야 한다.

12
잘 들어주는 사람이 말을 잘하는 사람이 되는 이유

듣는 힘이 없는 사람에게는 말하는 힘도 없다.

예를 들어 술집 등에서 항상 똑같은 이야기를 해서 주위사람들로부터 "또 같은 이야기를 시작했다."라는 말을 듣는 사람은 듣는 힘이 없는 사람이라고 할 수 있다.

듣는 힘이 있는 사람은 항상 "이 사람은 어떤 재미있는 이야기를 해줄까?" 하고 흥미진진하게 귀를 세우고 있기 때문에 자신도 모르는 사이에 풍부한 화젯거리를 가지게 된다. 그래서 항상 똑같은 이야기로 사람들을 질리게 하지 않는다.

또 듣는 힘이 있는 사람은 다른 사람과도 사이가 좋다.

상대방이 어떤 사람인지, 어떤 생각을 가지고 있는지, 일이나 취미, 가족 등의 이야기를 잘 이끌어내기 때문에 거기에 맞춰서 '이 사람에게는 이런 이야기를 하면 잘 어울릴 수 있을 것 같다.'라는 아이디어도 생각해 낼 수 있는 것이다.

듣는 힘이 없는 사람의 이야기는 일방적으로 자신의 생각을 이야기할 뿐이기 때문에 '나는 다르게 생각한다. 그렇게 생각하지 않는다.'와 같이 상대와 의견이 충돌하게 된다. 사교적으로도 많은 사람들에게 호감을 주는 사람들은 모두 잘 들어주는 사람이다. 화제가 풍부하고 다른 사람들에게 화제를 맞출 수 있기 때문이다.

말을 잘하는 사람이 되고 싶으면 먼저 다른 사람의 이야기를 잘 듣는 훈련부터 시작해야 한다.

Key Point

말을 잘하는 사람이 되기 위해서는 잘 들어주는 것부터 시작해야 한다.
- 듣는 힘이 있는 사람은 즐거운 화젯거리를 많이 가지고 있다. 따라서 말도 잘한다.
- 듣는 힘이 있는 사람은 상대방에게 맞는 화젯거리를 제공할 수 있다. 그래서 손쉽게 다른 사람과 친해진다.
- 듣는 힘이 없는 사람은 일방적으로 자신의 이야기를 지껄인다. 그래서 상대와 의견 충돌이 생긴다.
- 듣는 힘이 없는 사람은 상대를 알 기회가 없다. 그래서 인간관계가 깊어지지 않는다.

♣ 언행의 지혜

적당한 아부는
어엿한 어른의 증거인 것인가?

"오늘은 날씨가 참 좋다."라고 단골손님이 말을 하면, 비록 소나기가 내리고 있더라도 "정말로 오늘은 날씨가 좋네요. 밖에 나가서 따스한 햇볕이라도 쬐고 싶네요."라고 맞장구를 잘 맞추는 것이 바람직한 직원이다.

"저 사람은 아부꾼이다."라고 하면 아부를 잘하고 아첨을 잘하는 사람을 가리키는 것으로 좋은 의미는 아니다.

하지만 아부 하나 제대로 하지 못하면 어엿한 어른이라고 할 수 없다. 상황에 따라서는 아부도 할 수 있고, 아첨을 할 수 있고, 때로는 적절히 상대방이 좋아하는 말도 할 수 있어야 한다. 다르게 말하면 그것은 일과 관련한 필요조건이라고 할 수 있다. 단골손님에게는 아부꾼이 돼서 그 사람의 스트레스를 풀어주고, 부하직원에게는 태도를 백팔십도 바꿔서 험한 소리를 하는 사람도 있다. 이것은 자신의 위치를 이용해서 약한 사람을 괴롭히는 것이다. 어엿한 어른이 할 일이 아닌 것이다.

Chapter 5

알기 쉬운 말투로 다른 사람에게 신뢰받기

사람들은 알기 쉽게 말하는 사람에게 친근함을 느낀다. 친근함을 느낀다는 것은 이야기를 잘 들어준다는 말이다. 비밀 이야기를 할 때에는 좋을지 모르지만 당신도 다른 사람들과 대화를 할 때에는 듣고 있는 사람이 알기 쉬운 말투를 쓰도록 해야 한다.

1
사람은 복잡한 말투에 집중하지 못한다

 원래 말도 못 하고 사람들 앞에서 말하는 것을 좋아하지 않지만, 말을 잘하는 몇 가지 방법이 있다.
 한 가지는 어렵게 말하는 것은 금물이라는 것이다. 의사는 전문용어를 쓰거나 사례를 드는 경우는 있지만 말을 할 때에는 어렵게 하면 안 된다. 듣고 있는 사람을 질리게 하기 때문이다.
 전문용어를 쓰는 것을 가능하면 피하고 알기 쉬운 단어를 이용해서 친절하게 말하는 것이 중요하다. 그런데 전문용어를 많이 쓰고 일부러 복잡한 말투를 쓰는 사람이 있다. 듣는 사람의 마음은 '나는 당신들과 살고 있는 세계가 다른 인간이다. 게다가 한 차원 높은 인간이다.' 라고 말하는 듯한 말투에 거북함을 느끼게 한다. 이래서는 호감을 줄 수가 없다.
 사람들은 알기 쉽게 말하는 사람에게 친근감을 느낀다. 친근감을 느낀다는 것은 이야기를 잘 들어준다는 말이다. 비밀 이야기를 할 때에는 좋을지 모르지만 당신도 다른 사람들과 대화를 할 때에는 듣고 있는 사람이 알기 쉬운 말투를 쓰도록 해야 한다.

또 한 가지는 추상적인 이야기는 피하고 구체적으로 말하는 것이 이야기를 알기 쉽게 하는 방법이다.

Key Point

알기 쉽고 구체적으로 말하는 것이 상대가 친근감을 가지고 이야기를 들어주게 하는 방법이다.
- 전문용어로 어렵게 말하지 말고 일반적인 단어로 알기 쉽게 이야기해야 한다.
- 추상론보다 사례나 통계, 때로는 도표나 일러스트를 사용해서 구체적으로 이야기한다.
- '나는 잘났다.'가 아니라 '나도 다른 사람과 똑같다.'라는 말투를 사용해야 한다.
- '가르쳐준다.'는 말투보다 '같이 생각해 보자.'라는 말투여야 한다.

2
화제에서 벗어났을 때 본제로 되돌리는 방법

 나(필자)는 강연을 할 때 원고를 준비하지 않고 사전에 리허설이나 예행연습도 하지 않는다. 예행연습을 하거나 원고를 준비하면 아무래도 강연이 국어책을 읽는 것처럼 딱딱해져서 실감이 나지 않기 때문이며 또한 듣고 있는 사람을 따분하게 만든다. 그래서 바로 강연에 들어가는데 때로는 곤란한 일도 생긴다.

 생각나는 대로 강연을 진행하기 때문에 어쩌다 본래의 주제에서 벗어나기도 한다. 하지만 얼마간의 탈선은 애교라고 생각한다. 중요한 것은 이야기의 서론(시작), 본론(연결), 결론(마무리)이라는 세 가지 포인트를 확실히 하는 것이다.

 "오늘은 장수라는 테마를 가지고 이야기를 하려고 합니다. 평균수명이 해마다 높아지고 있는 요즘……."이라고 서론을 이야기하고, "이것을 정리해 보면 장수를 위해 중요한 것은 바른 식생활, 적절한 운동, 건강을 위한 목표를 가질 것, 그리고……."라는 본론, "이 연사도 노력하겠습니다. 당신도 장수를 위해 노력하시길 바랍니다."라는 말로 마무리(결론)한다. 이 세 가지 포인트를 확실히 기억해 두면 도중에 다소 화제가 벗어나도 괜찮다.

일상의 대화에서도 화제가 탈선하는 경우가 종종 있다. 자신이 먼저 탈선하는 경우도 있고, 상대가 관계없는 이야기를 꺼내는 경우도 있다. 이것도 대화를 재미있게 해주는 요소라고 생각하지만 본래의 화제에서 탈선한 이야기를 본제로 되돌릴 수 있다면 '엉뚱한 이야기만 하다 시간만 허비했다.'라고 후회하지 않는 일은 없을 것이다.

Key Point

서론, 본론, 결론이라는 말할 때의 포인트를 기억해야 한다.
- 본제에서 벗어난 이야기를 그대로 방치하면 나중에 '쓸데없는 이야기로 시간만 허비했다.'라고 후회한다.
- 탈선한 이야기는 '내가 말하고 싶은 것은.', '정리해 보면.', '중요한 것은.'이라는 말로 되돌린다.
- '말하고 싶은 것이 무엇인지.' 항상 염두에 두면서 말을 해야

한다.
- 때로는 의도적으로 이야기를 탈선시키는 것도 분위기를 고조시키는데 도움이 된다.

3
시간분배를 생각하지 않으면 단조로운 말투가 된다

서론이 너무 긴 연설 때문에 고생한 기억은 없는가?

"강연을 시작하기 전에 한 가지 말해 두고 싶은 것이 있습니다. 저는 쉽게 흥분하는 성격이어서 사람들 앞에서 말을 잘못합니다. 처음에 주최 측에서 강연의뢰를 받았을 때 사양을 했습니다. 하지만 무엇이든 좋으니 꼭 강연을 부탁한다는 요청을 받아서, 어쩔 수 없이 이 자리에 서게 됐습니다. 제 강연에 미흡한 점이 있을지 모르지만 여러분들의 양해를 구합니다. 이렇게 인사말을 하고 있는 지금도 벌써 혀가 꼬이기 시작합니다. 이것은 어렸을 때부터 남들 앞에 서는 것을 부끄러워했던 성격 때문에……"라고 서론을 장황하게 늘어놓고 좀처럼 이야기가 본론으로 들어가지 못한다. 도입부(서론)에서 시간을 다 쓰고 강연을 끝내버리는 사람도 종종 본다. 이런 현상이 발생하는 이유는 시간분배를 하지 못하기 때문이다.

  시간이 없어서 용건을 간략하게 말하지 않으면 안 될 때가 있다. 직장에서 아침 회의를 할 때, 회의가 끝나면 바로 업무를 시작해야만 하기 때문에 장황하게 이야기할 시간이 없다. 한편 시간을 충분히 가지고 구체적으로 이야기를 해야 할 때도 있다. 업무가 끝나고 술이라도 마시면서 부하직원과 대화할 때이다. 시간이 있을 때와 없을 때의 말투도 바뀐다. 서론, 본론, 결론이라는 이야기의 흐름에 따른 시간분배도 달라진다. 이것을 염두에 두면서 이야기를 구성해 나가지 않으면 안 된다.

Key Point

시간분배를 고려하면서 말하는 습관을 익혀야 한다.
- 시간이 있을 때와 시간이 없을 때의 말투는 달라야 한다. 당시의 상황을 잘 고려해야 한다.
- 서론은 가능하면 짧게, 빨리 본론으로 들어가는 것이 듣고 있는 사람을 위해서 좋다.
- 다른 사람에게 말을 할 때에는 "지금, 이야기할 시간이 있습니까."라고 사전에 양해를 구한다.
- 이야기가 길어질 것 같으면 그 취지를 설명하고 나서 이야기한다.

4
모범이 되는 사람의 말투를 활용해야 한다

예전에 A씨는 강연을 할 때 대통령이 된 듯이 말하라고 했다. 이것은 아주 좋은 작전이다. '누군가가 된 듯' 이 이야기를 함으로써 말투가 유창해질 때가 있다.

B씨는 스승인 C씨가 현역일 때 하던 행동을 똑같이 흉내를 낸다. 의도적으로 흉내를 낸다고 하는데, 그렇게 함으로써 자신이 마치 스승이 된 듯이 느껴지며 정신적으로 안정이 되고, 강해진 기분이 들어 용기가 끓어오른다고 한다. 이와 같은 심리는 누구에게나 적용된다.

직장에서는 존경하는 상사의 말투를 닮아가는 경우도 있다. 좋아하는 배우의 영화를 본 사람이 그 배우의 행동과 말투를 흉내 낸다. 결혼을 하면 아내는 대체로 남편의 말투를 닮아간다. 남편의 말이 빠르면 아내도 말투가 빨라지고, 남편이 느긋

한 말투를 하는 사람이라면 아내도 그렇게 된다. 의식해서 그렇게 되는 것이 아니라 존경하는 사람, 동경하는 사람, 의지하는 사람의 말투를 흉내 냄으로써 말을 잘하게 되는 것이다.

말하는 법의 모범이 되는 사람을 만드는 것도 말을 잘하는 하나의 방법이다. 사람들 앞에서 말할 때에는 대통령이 된 것처럼, 친구들과 떠들 때에는 코미디언이 된 듯이, 데이트를 할 때에는 영화배우가 된 듯이 말하는 것은 어떨까 한다.

Key Point

존경하는 사람, 동경하는 사람이 '된 것처럼' 이야기한다.
- 상사의 말투를 흉내 내보자. 거래처 사람 앞에서 능숙하게 상대를 설득할 수 있다.
- 부모의 말투를 흉내 내보자. 아이를 잘 키울 수 있게 된다.
- 좋아하는 상대의 말투를 흉내 내보자. 마음이 통하게 된다.
- 유명인의 말투를 흉내 내보자. 모르는 상대에게도 가볍게 말을 걸 수 있다.

5
설명을 잘하는 사람은 확인을 하면서 말한다

　무엇을 설명할 때의 말투와 보고할 때의 말투는 당연히 달라야 한다. 그러나 기본은 지금까지 이야기해 온 것과 똑같다. 상대방에게 알기 쉬운 말로 구체적으로 해야 한다. 시간분배를 고려하면서 주제가 탈선해서 시간이 초과했을 때에는 정확하게 본제로 되돌려야 한다.
　덧붙여 몇 가지 충고를 하겠다. 먼저 설명에 대해서이다.
　어떤 회사의 영업담당자의 말이다. 고객에게 상품설명을 할 때의 방법은, 중요한 것은 몇 번이나 반복해서, 또 상대방이 이해하고 있는지 어떤지 확인을 하면서 이야기를 한다고 한다.
　사람은 종종 듣고 있는 척하면서 의외로 듣고 있지 않는 경우가 있다. 아니, 듣고 있지만 그 내용이 확실히 머릿속에 들어오지 않는 경우가 있다.

이런 실험이 있었다. 파티에 온 사람들에게 인사를 겸해서 "사실은 오늘 아침에 어머니를 죽였습니다."라고 했다. 이 놀랄 만한 고백을 인지한 사람은 한 명도 없었다고 한다. 싱글벙글 웃으면서 "그렇습니까. 그거 큰일이네요."라고 맞장구를 치지만 상대가 무슨 말을 하고 있는지 이해하지 못하고 있었다.

그래서 '반복해서 말한다.'와 '확인을 하면서'가 중요한 것이다.

 Key Point

중요한 것은 몇 번을 반복해서 확인을 하면서 이야기를 해야 한다.
- 사람은 의외로 다른 사람의 말을 듣지 않는다. 쉽사리 '알아들었다.'라고 안심하면 안 된다.
- '이 점은 어떻습니까요.'라고 확인을 하면서, 중요한 것은 몇 번이고 반복해서 말한다.
- 정확히 설명했다고 해도 '듣고 있지 않다.'는 말을 들을 때도 있다. 주의해야 한다.
- 설명할 때에는 내용이 길어지기 쉽다. 시간분배에 주의하지 않으면 장황설이 된다.

6
같은 말이라도 사람에 따라 받아들이는 방식이 다르다

한 회사의, 고객들의 상품 문의에 대응하는 전화담당자에게 들은 이야기이다. 그는 여성인데 같은 여성에게서 전화가 오면 정중하게 상품설명을 한다고 한다. 그런데 남성에게 전화가 왔을 때에는 목소리가 '이 사람과는 말이 통할 것 같다.' 라고 생각될 때에는 정확히 상품설명을 하지만, '왠지 무서운 느낌이 드는 사람이다. 성격도 나쁠 것 같다.' 라고 느끼면 상품설명을 제대로 하지 못한다고 한다.

이것은 아주 솔직한 말이다.

사람들은 무언가를 설명할 때, '중요한 건 반복해서 말하고 확인을 하면서' 라고 말했지만 상대가 인상이 나쁜 사람이거나 하면 그만 그런 노력을 소홀히 하는 경향이 있다. "이건 이러하다. 그럼 감사하다."라는 식으로 무뚝뚝하게 설명하기 쉽다.

그래서 "방금 설명을 해드렸는데요.", "아니오. 듣지 못했습니다."와 같은 문제가 발생하기도 한다.

듣는 사람의 입장에서 보면 설명을 제대로 하지 못하는 사람일 경우에는, 제대로 이해하지도 못했는데도, "예, 예, 알았어요. 알았으니까 이젠 됐어요."라고 말하기 쉽다. 그래서 '말했다.', '듣지 못했다.' 라는 문제가 발생하는 것이다.

Key Point

감정을 자제하며 이야기하고 다른 사람의 이야기를 들으려는 노력을 해야 한다.
- 무서운 사람 같으니 '간략하게 이야기를 끝내자.'가 아니라 정확하고 상세하게 설명을 한다.
- 성격이 나쁜 사람 같으니 '빨리 이야기를 마무리 짓자.'가 아니라 상세하게 설명을 해준다.
- 답답한 상대니까 '이야기를 하고 싶지 않다.'가 아니라 대화를 하려고 노력해야 한다.
- 감정적이 되어서 말을 하면 '말했다.', '못 들었다.' 라는 반박으로 말싸움이 된다.

> # 7
> ## 보고는 설명이 아니다,
> ## 사실만을 간략하게 말한다

보고를 할 때 무엇을 어떻게 하면 좋은지 요령을 모르는 사람이 있다.

"저기, 지시하신 대로 A부장님을 만났는데 아주 훌륭한 분이셨습니다. 그런 분과 교분을 쌓아두면 저희 회사를 위해서도 좋을 것 같습니다. 다방면에서 큰 활약을 하고 계신 것 같습니다. 사무실에는 세무서와 소방서, 복지단체로부터 받은 감사장이 많이 장식되어 있기도 했습니다. 정말 훌륭하신 분이셨습니다. 음, 그리고 저……."라고 마지막에는 자신도 무슨 말을 하려고 했는지 혼란스러워한다. 듣고 있는 사람도 "그래서 도대체 어떻게 되었는데?"라고 묻고 싶어진다.

보고는 기본적으로 '무엇이 어떻게 되었다.'라는 것을 간략하게 말하면 된다. 'A는 이렇게 말했다.', '어제 매출은 얼마

였습니다.', '누구로부터 전화가 왔었습니다.', '상대편 회사에서 견적서를 보내왔습니다.' 그 외의 사항은 질문을 받았을 때 대답하면 된다.

보고는 설명이 아니다. 설명이라면 상황을 상세하게 이야기할 필요가 있지만, 보고라면 사실만 말하면 된다. 보고는 '있었던 사실을 전부 말하는 것'이라고 생각하는 사람도 있지만, 필요 없는 것까지 이야기할 필요는 없다. 보고에 개인적인 인상이나 감상을 덧붙이는 것은 금물이다. 상대방은 '당신을 어떻게 생각하는지'를 알고 싶은 것이 아니라 사실을 알고 싶은 것이다.

'저, 그게, 음.'이라는 말도 금물이다. 그것은 보고가 혼란스러워지기 때문이다.

Key Point

필요 없는 것까지 보고할 필요는 없다. '무엇이, 어떻게 되었나.'만을 보고하면 된다.
- 사소한 일까지 장황하게 보고하지 말고 필요 없는 사항은 피하고 간략하게 보고한다.
- 결론은 마지막이 아니라 처음에 말한다. 그 편이 효과가 크다.
- 개인적인 감정이나 판단은 덧붙이지 않는다. 자신의 인상이나

감상은 질문을 받은 후에 말한다.
- '이렇게 될 것이다.'라는 추론을 전제로 말하지 말고 객관적인 사실만을 이야기한다.

8
'보고하지 않는 사람'은 신뢰받지 못한다

상사로부터 "그 건은 어떻게 됐느냐?"라는 질문을 받고 나서야 "아, 그 건이라면 벌써 마무리 지었습니다."라고 말하는 사람이 있다. "언제?"라고 상사가 묻자 "예, 지난주입니다."라고 대답한다.

"끝났으면 끝났다고 왜 보고를 하지 않았느냐."라고 상사가 말하자 "아, 그렇습니까?"라고 건성으로 받아들인다. 이렇게 보고를 하지 않는 사람은 곤란하다.

정확히 보고를 하지 않는 사람은 조직 내에서 신뢰를 받지 못한다. 직장뿐이 아니다. 토요일 밤이 돼서야 "아, 맞다. 내일 거래처 사람과 골프약속을 해서 내일 쇼핑약속은 지킬 수 없게 되었다."라고 말하는 남편은 부인에게 믿음을 주지 못한다. "그렇다면 왜 좀 더 빨리 말해 주지 않았냐며." 부부싸움이 생길 수도 있다.

정확히 보고를 할 수 있는 사람인지 아닌지는 사람들 간의 신뢰관계의 기초이다. "보고하려고 생각하고 있었는데, 너무 바빠서 그럴 시간이 없었다."라고 말하는 사람도 있다. 보고라는 것은 '시간을 내서' 하는 것이 아니라 그 자체가 중요한 업무의 하나이다.

어떤 곤란한 문제가 일어났을 때, 기한을 넘길 듯할 때, 약속을 지킬 수 없게 되었을 때, 실패를 했을 때, 실수를 했을 때…… 바로 보고를 해야 한다. 뒤늦은 보고가 또 다른 문제를 초래한다.

Key Point

보고는 정확하게, 바로, 간략하게 해야 한다.
- 다른 사람이 묻기까지 보고를 늦추지 말고 먼저 보고해야 한다.
- 중간 경과는 생략하지 말고 그때그때 중간보고를 하고, 끝나면 다시 보고한다.
- 보고는 귀찮고 부차적인 것이라는 생각은 금물이다. 보고도 중요한 업무 중 하나이다.
- 난처한 문제라도 늦추지 말고 바로 보고해야 한다.

> # 9
> ## 설명 같은 보고는
> ## 상대를 곤혹스럽게 한다

예를 들어 "이승엽 선수가 홈런을 쳤습니다."라고 보고하면 끝날 일인데 "그때의 이승엽 선수의 심리상황은." 또는 "이승엽 선수의 홈런의 특징은.", "이승엽 선수가 쓰는 배트는 누가 쓰고 있는 것과 같은 회사 제품인데." 등과 같이 여러 가지 설명을 덧붙이는 평론가 같은 사람이 있다. 본인은 득의양양하지만 듣는 사람은 "알았네, 그만 됐네."라는 심경일 것이다.

상대방은 사실만을 알고 싶은 것이다. 그 사실을 어떻게 해석할 것인지는 상대방의 몫으로, 불필요한 사항은 말할 필요가 없다. 그것이 좋은 보고의 방법이라는 것을 명심해야 한다. 해설 같은 사항을 말할 때에는 "자네는 어떻게 생각하나?"라고 상대방이 물었을 때만 해야 한다.

세상에는 해설하기를 좋아하는 사람이 많다. 놀랄 만큼 박

식하고 걸어 다니는 백과사전이라고 불리는 사람들도 있다. 항공기 이야기가 화제에 오르면 "날개에 KE나 JA, 또는 G와 같은 알파벳이 있죠? 그게 무엇을 나타내는지 아세요? 그건 국적을 나타내는 기호로 KE는 한국, JA는 일본, G는 영국……" 이라고 말이 끊이지 않는다. 술자리에서는 득의양양하지만 업무와 관련된 일과 관련해서도 그렇게 박식한지는 모르겠다.

또 '인터넷을 어떻게 비즈니스 기회로 연결시킬까?' 라는 화제에 대해서는 밤새도록 이야기할 수 있지만, 듣는 사람들은 그만 집에 가야 할 시간이다. 이런 사람은 직장에서 환영받지 못하는 사람이 된다.

Key Point

해설 같은 보고는 무용지물이다. 보고해야 할 사항만 간략하게 하면 된다.

- 알고 있는 것을 모두 이야기할 필요는 없다. 상대방이 필요로 하고 있는 정보만을 제공하면 된다.
- 많은 것을 이야기했다고 해서 높은 평가를 받는 것은 아니다. 많은 것을 이야기하지 않아도 평가받을 수 있다.
- 술자리에서는 좋지만 직장에서는 불필요한 지식을 자랑하지 말아야 한다.

- '한 마디로 말한다.'라는 생각으로 보고업무를 해야 한다. 그러면 보고방법이 향상된다.

10
고생담이나 자랑거리, 변명은 '보고'에 불필요하다

"잘 처리했습니다." 하고 보고를 하는 것은 기분 좋은 일이다. 그러나 "정말 고생했습니다. 다른 사람들은 모두 무사태평하게 있었는데, 결국 저 혼자서 모든 걸 할 수밖에 없었습니다. 모두가 해야 할 일을 혼자서 처리하는데 정말 고생을 많이 했습니다."라고 여봐란 듯이 고생담을 늘어놓아서는 "잘했다, 수고했다."라는 말을 해주기가 거북하다.

"이번 건은 제가 있어서 잘 처리할 수 있었습니다. 이 점을 잊지 말아주세요. 이번 건에 대해서 가장 정통한 사람은 저밖에 없었으니까요. 어떻습니까요? 저를 다시 보게 되지 않았나요?"라는 식으로 보고를 하는 것은 금물이다.

막상 고생한 것을 평가하고 격려하려고 생각하는 마음이 고생담이나 자기를 자랑하는 말 때문에 사라지게 하고 있는 것이다. 그런 것까지 일일이 보고하지 않아도 상대는 알고 있다. 말할 필요도 없는 것을 말하는 것은 마이너스이다.

'잘되지 않았을 때'의 변명도 불필요하다. "죄송하다."라고 사죄하는 것은 좋지만 '그건 이런저런 이유 때문에.'라고 장황하게 변명을 늘어놓기 시작하는 사람에게는 "알았으니 그만 됐네."라고 말하고 싶어진다. '잘되지 않았기' 때문에 신뢰를 잃어버리는 것이 아니다. 구차한 변명이 사람들로부터 신뢰를 잃게 되는 것이다.

Key Point

평가받는 보고는 고생담이나 자랑거리가 포함되어 있지 않은 보고이다.
- 일을 잘 처리한 고생담을 말하지 말고 있는 그대로 보고해야 한다.
- 일을 잘 처리한 자랑을 하지 말고 담담하게 보고해야 한다.
- 잘 처리하지 못한 변명을 하지 말고 꾸밈없이 보고해야 한다.
- 보고의 방식을 보고 업무처리능력을 판단할 수 있다. 좋은 보고를 해야 한다.

11
'보고하는 상대'를 잘못 택하면 신용을 잃는다

    누구에게 보고를 해야 하는지, 이것도 간단한 일인 것 같지만 의외로 어렵다. 부장에게 보고를 하자 나중에 과장이 "직속상관인 나에게 먼저 보고를 하지 않았다."고 화를 냈다는 이야기를 종종 듣는다.

    그렇다고 해서 직속상관에게만 보고하면 되는가 하면 그것도 아니다. 관계가 있는 타부서에는 아무것도 보고하지 않아서 "그런 이야기는 우리 부서에도 이야기하지 않으면 곤란하다."라고 클레임을 듣는 경우가 많다.

    여기에는 공통된 심리법칙이 있다. '자신에게는 보고를 해야 한다.'라고 생각하고 있는 사람에게 보고를 하지 않으면 그 사람은 기분이 언짢아진다. "내 아들은 아내에게 학교에서 있었던 여러 가지 일들을 말하는데 아버지인 나한테는 아무런 말도 하지 않는다. 왜 그럴까?"라고 기분이 상한 아버지와 같은 심리이다.

그런 사소한 일로 '저 녀석은 나를 무시하고 있다.'라고 불신감을 품게 되기 때문에 조직의 생리는 무서운 것이다.

조직 속에서 인정을 받기 위해서는 다른 사람의 신뢰를 얻어야 한다. 신뢰를 얻기 위해서는 '이것은 누구에게 보고해야 할 것인지'를 잘 생각하지 않으면 안 된다. 보고도 엄연한 업무 중의 하나이다.

Key Point

보고를 누구에게 해야 하는지를 신중히 생각해야 한다.
- 보고하는 상대를 잘못 선택하면 황당한 사태를 초래한다.
- 직속상관을 무시하고 보고하는 것은 금물이다.
- 직속상관에게 보고했다고 해서 끝이 아니다. 관계자에게도 정확히 보고해야 한다.
- 상사에게뿐 아니라 부하에게도 보고하면 이후의 업무가 원활히 진행된다.

12
상대가 '알고 싶은 것'을 정확하게 보고하는 포인트

다른 사람의 말은 그것을 '보고하는' 것을 염두에 두고 듣는 것이 좋다.

"오늘 A 건설사로부터 집이 지어진 지 30년이 넘어서 곳곳에 균열이 많다는 조사결과를 받았어요. 이제 리모델링에 대해 심각하게 고려할 때라고 하네요. 저렴하게 해주겠다고 하는데…….", "흠, 그래서 비용은 얼마나 들 것 같다고 하던가요?", "아! 그건 물어보지 않았어요, 여보."라고 해서는 곤란하다.

"이건 나중에 남편에게 이야기해서 의논해야겠다."라는 마음이 있으면 이야기를 듣는 자세도 달라진다. 비용은 물론이고 리모델링에 대해서도 어디를 어떻게 할 것인지, 공사기간은 얼마나 소요될지 등의 구체적인 사항을 들어두지 않으면 안 되기 때문이다.

다른 사람의 이야기를 듣는 방법에는 '이건 들어두는 것이 좋다.' 라는 포인트가 있다. '무엇 때문에 하는지.', '무엇을 하는지.', '어떻게 할 것인지.', '누가 할 것인지.', '어디를 할 것인지.', '비용은 얼마나 드는지.', '언제까지 하는지.' 이다. 바로 이 일곱 가지가 상대가 '알고 싶은 것' 이자 정확하게 그 내용을 상대에게 전하기 위한 포인트가 된다. 지은 지 30년이 돼서 약해진 내구성을 보완하기 위해 리모델링을 하는 것이 좋다고, A 건축사가 이야기했다. 공사는 A 건축사가 하고, 비용은 얼마이며, 언제까지 공사를 끝낼 것이고, 그동안에는 어느 곳에서 임시로 거주하게 된다……라고 말이다.

좋은 보고는 사람과의 의사소통을 원활하게 해준다. 사람과 사람이 '서로 이해' 하기 위한 기본이다.

Key Point

누군가에게 '보고하는' 것을 염두에 두고 상대방의 이야기를 들어야 한다.
- 아무것도 생각하지 않은 채 보고하지 말고, 무엇을 어떻게 보고할 것인지를 생각하고 나서 보고한다.
- '이것은 어떤지.' 라는 말을 듣고 당황해서는 안 된다. 질문 받

을 내용을 사전에 파악해 두어야 한다.
- 임기응변식 보고를 하지 말고 포인트를 요약한 보고를 한다.
- 자신이 '말하고 싶은 것'만 보고하지 말고 상대방이 '알고 싶은 것'도 보고한다.

♣ 언행의 지혜

책임을 전가하는 듯한
변명을 들을 때의 심리

'고집'이 대화를 어렵게 한다. TV를 보는 것도 재미없고 슬슬 방으로 돌아가서 공부나 할까 하고 생각하고 있는데 "언제까지 TV만 보고 있을 거야. 공부 좀 해라. 도대체 뭐 하는 거야." 하는 부모의 말 한마디에 반항심이 생겨 '공부 따위 하고 싶지 않다. TV나 더 봐야지.'라고 생각했던 경험이 당신도 있을 것이다.

무언가를 '해.'라고 할 때에는 상대가 거부감을 느끼지 않는 말투를 쓰는 게 좋다. "공부해라."가 아니라 "TV, 재미있어?", "재미없어.", "그럼 공부라도 하면 어떻겠니?", "그럴까?"라는 식으로 고도의 심리전을 이용해서 공부하고 싶은 마음이 들도록 하는 방법이 좋다.

중요한 것은 이쪽도 고집을 부리며 '하지 않으면 안 된다.'라고 상대가 고집을 부릴 기회를 줘서는 안 된다. 부드러운 말투로 유도하는 방법이 무난하다.

Chapter 6

사람은 밝은 말투에 귀를 기울인다

밝게 인사를 하면 반드시 상대도 밝게 인사를 건넬 것이고, 나중에 밝게 말을 걸어온다. 처음의 한 발이 중요하다. 밝은 인사 → 자연스러운 대화 → 위화감 없는 관계……. 이것이 사람과 사람과의 관계가 발전하는 순서이다. 어두운 인사는 인간관계의 벽이다. 말투가 밝은 사람에게는 허물없는 친구가 많다. 인맥도 넓다. 인기도 있다. 밝게 인사를 할 수 있는 사람도 마찬가지이다. 밝게 인사를 하지 못하는 사람은 말투도 밝지 못하다.

1
말을 잘하는 사람은 호흡 조절을 잘한다

　말을 잘하는 사람은 호흡 조절을 잘한다. 말을 청산유수처럼 잘한다는 말이 있지만, 숨 쉴 틈도 없이 말을 해서는 듣고 있는 사람이 피곤해진다. 게다가 도대체 무슨 말을 하고 있는지 잘 알아들을 수가 없다.

　토론이 격렬해졌을 때에는 말이 빨라지고 호흡을 조절할 시간이 없어진다. 많은 사람들 앞에서 무언가를 말할 때의 긴장감이 흐르는 장면에서는 자신도 모르게 말이 빨라지고 호흡 조절할 시간도 없어진다. 주의해야 한다.

　대화를 할 때에도 호흡 조절이 필요하다. "나이가 들어서인지 요즘 눈이 가물거린다.", "맞아, 나도 그래.", "경기가 나빠서 걱정이에요.", "정말 그래요." 이쪽의 말과 그 말을 받아서 말하는 "그래, 맞아."라는 말에 간격이 없으면 대화가 거칠어지고 나중에 무슨 말을 했는지 완전히 잊어버리게 된다. 한 호흡 두고서 "맞아요."라고 대답한다. 그것이 같은 "맞아요."라는 말이라도 훨씬 실감 있게 들린다.

반론을 할 때에도 간격을 두지 않고 "그건 아니야, 당신이 틀려요."라고 말하면 어쩐지 싸움을 거는 것 같은 말투가 되기 때문에 한 박자 쉬고 나서 말하는 것이 좋다.

말을 할 때 간격이 없어지면 서로 감정적이 되어서 점점 더 무의미한 말싸움이 되기 쉽다. 호흡을 조절한다는 것은 마음에 여유를 주고 이성적으로 생각하게 해준다.

Key Point

호흡 조절을 잘하면서 여유 있게 말을 해야 한다.
- 적절히 호흡을 조절하면서 말을 한다.
- 간격이 없는 대화는 감정적이 되기 쉽기 때문에 호흡 조절을 하면서 하는 대화가 이성적인 대화를 가능하게 한다.
- 한 호흡 두고서 '맞아요.' 하고 맞장구를 쳐야 '잘 듣고 있다.'라는 인상을 준다.
- 간격이 없는 이야기는 알아듣기가 어렵지만, 간격이 있는 이야기는 머릿속에 잘 들어온다.

2
좋은 대화는 '45초 규칙'부터 시작이다

아나운서였던 S씨는 남에게 기분을 전하기에는 45초가 적당하며 그 이상은 이야기가 장황해진다고 한다. 1분 30초를 넘기면 듣는 사람은 '이야기가 길다.'라고 느끼고, 2분 35초부터는 이야기가 귀에 들어오지 않는다고 한다.

내(필자)가 말하고 싶은 것은 45초에서 1분 정도로 이야기를 정리해야 한다는 것이다. 이 정도에서 일단 이야기를 매듭지어야 한다.

듣는 사람도 마찬가지이다. 잠자코 귀를 기울이는 것도 좋지만 1분을 넘기면 "그거 재미있있네요. 사실은 저도 이런 경험을 한 적이 있어서요.", "확실히 그렇게 생각할 수도 있지만, 이렇게 생각할 수도 있지 않을까요." 하고 일단 이야기를 자기 쪽으로 끌어와야 한다. 1분 30초 이상 잠자코 있으면 말하는 사람은 '이 사람은 듣고 있는 것인가?' 하고 불안해진다. 2분 30초 이상 아무 말도 하지 않고 있으면 상대는 이야기를 계속할 기력을 잃는다.

대화는 캐치볼이어서 자신만 볼을 오래 가지고 있는 것은 금물이다. 서로 45초에서 1분 정도를 목표로 상대방에게 볼을 던져주고, 상대방에게도 이야기를 할 기회를 줘야 한다. 그런 주고받음이 기분 좋은 대화를 나누는 방법이다.

Key Point

이야기를 오래하거나 잠자코 있으면 상대방의 기분을 소모시킨다.
- 상대의 맞장구가 힘이 없어지면 이야기가 길다는 증거이다.
- 말이 길어질수록 어디에서 멈추면 좋을지 타이밍을 가늠하기가 어려워진다.
- 상대방이 갑자기 말이 없어지면, 듣는 사람이 오랫동안 잠자코 있는 것이 원인이다.
- 기분 좋은 대화의 키워드는 '45초이다.'

3
사람은 '즉각적인 반응'에 성의를 느낀다

예전에 알고 지냈던 방송작가는 내(필자)가 TV에 나오면 방송이 끝나기도 전에 전화를 해서 "지금 보고 있다. 정말 재미있는 이야기이다."라고 말해 준다. 이때 어떤 칭찬이나 내용에 관한 말보다는, 그 사람의 즉각적인 반응이 기쁘다. 그 사람의 기분이 전해지기 때문이다.

감사의 말을 전해야 할 때, 사과를 해야 할 때, 보고할 것이 있을 때, 상담해야 할 것이 있을 때, 어떤 사람에게 무언가를 말해 두어야 할 때에는 '지금 바로'가 기본이다. 전화나 메일, 엽서라도 좋다. 직접 만나서 이야기하는 것이 좋지만, 사정이 여의치 않을 때에도 '지금 바로' 하는 것이 중요하다.

때를 놓치기 쉽고 늦어지기 쉬운 것이 사과를 해야 할 때이다. "가까운 시일 안에 만나서 사과를 하고 싶다."라는 말을 듣고 만나서 술을 마시면서 다른 이야기를 하다 드디어 "저번의 일은 정말로 죄송하게 됐습니다."라고 사과를 한다. 하지만 "그런데 그 일은 어쩔 수가 없었습니다."라고 변명을 늘어놓기 시작하면서 "인간이란 빨리 포기하는 게 중요하다."라고 설교를 하는 사람이 있다. '사과' 하는 것은 어렵다. 어쩌면 일부러 이런저런 변명을 늘어놓다가 이야기를 흐지부지 끝내려는 상대방의 작전인지도 모른다. 어쨌든 점점 더 '신뢰할 수 없는 사람' 이라는 인상만 강해진다.

Key Point

사죄, 사과의 연락은 스피드가 중요하다. '지금, 바로' 해야 한다.

- 어떤 말로 사과해도 3일 후의 사죄는 성의가 전해지지 않는다. 그날 사과해야 한다.
- 사과와 변제는 빠를수록 좋다. '우선 서둘러 연락부터' 해놓아야 한다.
- '그러고 보니 말하는 것을 잊어버리고 있었다.'로 신용을 잃는다. 주의해야 한다.
- 말해야 할 것은 지금 바로 전해야 한다. 스피드만큼 좋은 것은 없다.

> 4
> 지나치게
> 정서적으로 말하는 사람은
> 자기중심적이다

사이가 좋은 것도 아닌데 "있잖아, 들어봐." 하고 친한 듯 말을 걸어오는 사람이나 "정말 멋져, 난 지금 너무 기뻐, 감동했어. 어쩌면 좋아." 하고 지나치게 감정을 표현하는 사람이 있다.

"우린 정말 호흡이 잘 맞는 것 같아. 정말 거짓말 같지 않아. 취미도 같고, 혈액형도 똑같고, 한자도 똑같고, 뭐든지 다 똑같잖아." 하고 공통점을 강조하는 사람도 있다. 눈물이 나는 이야기를 잘하는 사람과 부담스러울 정도로 신경을 쓰는 사람도 있다.

이런 사람의 첫인상은 나쁘지 않다. '이 사람과는 잘 어울릴 수 있을 것 같다.' 라는 인상을 받는다. 하지만 나중에 그것이 착각이었다는 것을 알게 되는 경우가 많다.

한 여성이 어떤 남성을 만났다. 친절하게 대해 주고 외모도 잘생겨서 사귀기 시작했는데, 결국 배신을 당했다. 나중에 생각해 보니 처음 만났을 때부터 이상할 만큼 친절했고, 사소한 일에 감동해서 크게 기뻐하거나, 당신과는 전생에서 만난 것 같은 느낌이 든다는 둥 어딘지 바람둥이 같은 인상도 있었다고 한다. 지나치게 정서적으로 말하는 사람 중에는 자기중심적인 사람이 많다. "괴로웠지? 당신 기분이 어떤지 난 잘 알고 있어."라고 동조하면서 눈물을 흘리든지, 눈물을 흘리고 있는 자신에게 도취되는 그런 사람도 있다.

말투는 다소 서먹서먹한 느낌이 드는 사람이 오히려 신뢰할 수 있을 수도 있다.

Key Point

너무 친절한 말투는 오히려 경계심을 일으킨다.
- 너무 친절한 말투보다는 조금 서먹서먹한 말투가 신뢰받는다.
- '들어봐.'는 한 번으로 족하다. '들어봐, 들어봐.'는 금물이다.
- '나, 기뻐.'도 한 번만 해야 한다. 너무 많이 말하는 사람은 정서불안의 증거이다.
- 공통점을 강조하는 것도 좋지만, 너무 강조하면 경계심을 일으킨다.

5
나약한 성격은 말투를 바꾸면 고칠 수 있다

긴장 때문인지 '음, 저는, 그러니까?' 라며 좀처럼 앞으로 나아가지 못하는 말투는 듣고 있는 사람을 지치게 한다.

어떤 회사의 영업책임자는 매년 '음, 그러니까?' 라는 말투를 쓰는 신입사원이 몇 명인가 들어온다고 한다. 그래서 그는 바로 영업 현장에 내보내지 않고 철저하게 교육을 시킨다고 한다. 고객이 없는 곳에서 "저는 ○○○라고 합니다. 저희 회사 제품의 특징은."이라고 배우가 무대연습을 하는 것과 같은 영업 모의연습을 시킨다고 한다. 그때에 '큰 목소리', '분명한 말투', '정면을 보고 웃는 얼굴로 이야기한다.' 라는 세 가지 주의할 점을 연습시킨다고 한다.

한 달도 지나지 않아서 말투와 태도는 개선되고, 적극적이고 밝은 사람으로 변모한다고 한다. 사람은 성격적인 결점도 말투를 바꿈으로써 교정할 수 있다.

어느 만담 대가의 이야기이다. 만담가가 되고 싶다고 찾아오는 젊은이들 중에는 달변보다도 오히려 부끄러움을 타고 나약한 성격의 사람이 많다고 한다. 그런 젊은이들을 가르칠 때 먼저 큰 소리로 말을 시킨다고 한다. 사람들 앞에서 큰 소리로 이야기하려고 노력하는 사이에 자신에게 자신감이 생기고 긴장해서 우물쭈물하지 않게 되고, 당당한 태도가 몸에 밴다고 한다.

Key Point

큰소리로 분명하게 정면을 보고 웃는 얼굴로 이야기한다.
- 중얼거리며 말하지 말고 분명하게 '저는 ○○○라고 합니다.'라고 말한다.
- '음, 그러니까?'라는 말은 삼가하고 '~이다.'라고 말한다.
- 자신 없는 말투를 쓰기 때문에 점점 자신에게 자신감이 없어진다.
- 큰소리로 분명하게 말하면 그것이 말을 잘하게 되는 첫걸음이다.

6
자신이 없기 때문에
남의 험담을 하고 싶어진다

    누군가에게 A의 험담을 할 때, 그것은 반대로 "나는 A 같은 사원이 아니다. 일을 잘한다. 유능하다. 완고한 A와는 달라서 말도 잘 통한다. 나는 대단하다."라는 흑심과 자기과시욕도 전해져서 자신의 시기심이나 질투심을 드러내는 것과 같다.

    자기과시욕이 심한 사람 중에는 오히려 자신에게 자신감이 없는 사람이 많다. 일을 잘하는 것, 유능한 것, 말이 잘 통하는 것을 실증할 수 있으면 괜찮지만, 그렇지 못하다거나 실적이 없는 사람일수록 지나치게 자신감에 찬 언동을 보인다. 하지만 내심으로는 자신감이 없어서 망설이고 있는 것이다.

    직장에서 엘리트로 불리는 사람을 보자. 그 사람은 결점이 있는 사람의 험담을 사람들 앞에서 하기는커녕 오히려 "A는 장점이 많은 사람이다. 예를 들어……." 하고 A의 장점을 찾아내서 칭찬하는 태도를 보인다.

남의 험담을 하고 싶어 하는 것은 오히려 결점이 많은 사람들이다.

먼저 자기과시욕, 자존심을 버려야 한다. 다음으로 좀 더 겸손한 마음으로 해야 할 일을 열심히 해야 한다.

Key Point

남의 험담을 하는 사람은 경원시 되고, 남의 험담을 하지 않는 사람을 '속으로' 인정한다.
- 험담은 자신을 잘 보이고 싶어 하는 행동일 뿐이다. 그런 흑심을 남들은 꿰뚫어보고 있다.
- 남을 헐뜯는 사람보다 칭찬하는 사람이 최후의 승자가 된다.
- 자기과시욕을 남의 험담으로 채우지 말고 실력으로 승부해야 한다. 실력자는 남의 험담을 하지 않는다.
- 겸손한 마음이 말투를 밝게 한다.

7
밝은 말투는 밝은 인사부터이다

　밝은 목소리로 쾌활하게 "안녕, 좋은 아침."이라고 말을 걸어야 상대도 웃는 얼굴로 "들어봐, 어제 이런 일이 있었어.", "정말? 그런 일도 다 있네."라고 즐거운 대화가 시작된다.
　그런데 그중에는 인사를 한 것도 깨닫지 못하는 사람도 있다. 복도 끝에서 동경하는 사람이 걸어오는 것을 보고 옆으로 비켜서면서 "안녕하세요. 좋은 아침이에요."라고 인사를 한다. 하지만 그는 전혀 깨닫지 못하고 지나친다. 이것은 인사가 너무 어두웠기 때문일 것이다.
　밝게 인사를 하면 반드시 상대도 밝게 인사를 건넬 것이고, 나중에 밝게 말을 걸어온다. 처음의 한 발이 중요하다.
　밝은 인사 → 자연스러운 대화 → 위화감 없는 관계……. 이것이 사람과 사람과의 관계가 발전하는 순서이다. 어두운 인사는 인간관계의 벽이다.

말투가 밝은 사람에게는 허물없는 친구가 많고 인맥도 넓으며 인기도 있다. 밝게 인사를 할 수 있는 사람도 마찬가지이다. 밝게 인사를 하지 못하는 사람은 말투도 밝지 못하다.

Key Point

사람과의 만남은 밝은 인사부터 이루어진다. 시작이 좋으면 끝도 좋다.
- 처음 사람을 만나는 것을 두려워하는 사람은 밝게 인사를 해야 한다. 이후는 모든 것이 순조롭다.
- 인사는 말이 아닌 웃는 얼굴로 해야 한다. 살짝 웃는 것만으로도 훌륭한 인사다.
- 인사는 예의바름보다, 오히려 밝음과 친근함이 기본이다.
- 사람과 잘 사귀지 못하는 사람은 인사가 서툰 사람이지 말이 서툰 사람이 아니다.

8
사람들 앞에서 말할 때 긴장하지 않는 방법

임원이 모두 모인 회의석상에서 당황해서 말문이 막히고 도대체 무슨 말을 하고 싶은지 허둥대는 사람이 있다.

맞선자리에서 긴장해서 하고 싶은 말의 반도 하지 못한 채 딱지를 맞은 사람도 있다. 이 경우에 긴장했다는 것이 거절당한 이유만이 아닐지도 모른다.

결혼피로연의 사회자가 안타까울 정도로 땀을 뻘뻘 흘리며 횡설수설하는 사람을 종종 본다. 과도한 긴장은 말을 서툴게 한다.

일반적으로 보통사람은 사람들 앞에서 말을 할 때 긴장감으로 심장이 쿵쾅거린다. 이럴 때는 '말을 잘하려고 생각해서는 안 된다.'라고 자신을 타일러야 한다. '멋있는 말을 해야지, 사람들의 마음을 움직이는 말을 하자, 사람들을 감동시키자.' 하고 자신의 능력 이상을 보이려는 마음 때문에, 그 반사작용으로 '실패하면 어쩌지. 말을 잘하지 못하면 어쩌지.'라고 쓸데없는 생각이 머릿속에 가득 차서 긴장감이 팽팽하게 고조되는 것이다. 이런 경우 서툴러도 좋으니 자신만의 말투로 이야기한다고 생각하면 된다.

정치가의 말투도 절대로 유창하다고 할 수 없다. 그러나 그런 사람들의 말은 유창하지 않지만 기묘하게 설득력이 있다. 그것은 꾸미지 않은 말투에 개성이 묻어나기 때문일 것이다. 능숙하지 않지만 개성적이라는 것이다.

Key Point

말을 잘하려고 생각하지 말고 개성적인 말투를 살려야 한다.
- 말을 잘하려고 생각하지 말아야 한다. 개성적인 말투를 살려야 한다.
- 실제로 유창하게 말을 하는 사람은 드물다. 서툴러도 상관없다.
- 서툴러도 말투에 성의가 있으면 사람은 감동한다.
- 사람들 앞에서 자신을 돋보이려고 생각해서는 안 된다.

9
말하는 태도가
바뀌기 쉬운 사람은
주위사람을 피곤하게 한다

평소에는 얌전하던 사람이 술을 마시면 갑자기 소리를 지르거나, 다혈질로 변하는 사람이 있으니 주의해야 한다. 또 평소에는 명랑하고 쾌활했던 사람이 술만 마시면 훌쩍이며 우는 소리를 하기도 한다.

그런 사람은 평소에 정신적으로 쌓인 것이 많은데 참고 지내다가 술을 마시면 참지 못하게 되는 것이다. 이런 징후는 좋지 않다. 마음의 건강이라는 측면에서도 좋지 않을 뿐더러, 주위사람들에게 피해를 줘서 자신의 인망을 실추시키기 마련이다.

술을 마시는 것보다 운동으로 땀을 흘리고 스트레스를 해소하도록 권하고 싶다.

한편 술도 마시지 않았는데 상대에 따라 말이 바뀌는 사람도 있다. 강한 상대에게는 영합하는 것같이 말을 하고, 아랫사람에게는 허세를 부리고, 젊은 여성에게는 지나치게 부드럽게 대하고, 나이가 든 여성에게는 차갑게 대하는 사람이나, 남자 앞에서는 귀엽게 내숭을 떨지만, 같은 이성끼리 있을 때에는 퉁명스럽고 안하무인으로 행동하는 사람이다.

Key Point

상대에 따라 말투나 행동이 바뀌는 것은 좋지 않다.
- 중요한 사람에게는 존댓말을 사용한다. 그러나 영합하는 듯한 언동은 금물이다.
- 강한 사람에게는 정중하게 해야 한다. 그러나 영합하는 듯한 언동은 금물이다.
- 아랫사람에게는 친절하게 대해야 한다. 그러나 무시하는 듯한 언동은 금물이다.
- 흑심으로 말투를 바꾸는 것은 금물이다. 누구에게나 절도 있는 말투를 사용해야 한다.

10
우물 안 개구리가 바라보는 하늘

"당신은 아직 고생을 더 해야 돼.", "그래서 당신은 아직 멀었어. 인생은 말이야.", "내가 젊었을 땐 말이야."

이런 말을 입버릇처럼 내뱉는 것은 어딘지 설교하는 듯한 의도가 내포되어 있다. 자신의 이야기에 자아도취 되는 사람도 있다. "난 새겨들을 만한 이야기를 해주고 있는 거야."라는 표정으로 말문을 연다. 소위 자기만족에 빠져 있는 사람으로, 이런 사람은 '난 다른 사람보다 많은 경험을 했고, 사물에 대해 깊이 생각한다.' 라는 전혀 근거 없는 아집과 우월감에 빠져 있다.

자신보다 경험이 많은 사람이 나타나도 "당신은 경험이 많을지 몰라도, 그 경험을 활용하지 못하고 있다."라고 설교를 하는 사람이나, 자신보다 생각이 깊은 사람이 나타나도 "말만

앞세워서는 아무것도 할 수 없어. 행동으로 옮기지 못하면."이라고 역시 설교조로 말하는 사람도 환영받지 못하는 사람이다.

Key Point

설교조의 말투를 쓰는 것은 자신만의 세계에 빠져 있다는 증거이다.
- 상대의 실력을 인정하는 포용력이 없기 때문에 말투가 설교조가 된다.
- '이 사람은 이런 사람이다.'라고 상대를 단정 짓기 때문에 설교를 하고 싶어진다.
- '요즘 젊은이들은 말이야', '혈액형이 A형인 사람은'이라는 유형의 인간관은 금물이다.
- 근거 없는 우월감이 잘난 체하는 말투로 나타난다.

11
지난 일들을
들춰서는 안 된다

지난 일을 들춰내는 사람이 있다.

"당신은 갓 결혼했을 때, 이런 심한 말도 했어. 그때 난 충격을 받았어."와 같은 말들이다.

"그만, 알았어. 사과하고 있잖아."라고 말해도 '아무리 사과해도 내 마음의 상처는 치유되지 않는다.'라고 생각날 때마다 지난 일을 들춰낸다.

이것은 삼가는 것이 좋다. 남편도 그만 신물이 나서 "시끄러워. 언제까지 똑같은 일을 들춰내고. 나도 지쳤어. 집을 나가겠다."라는 사태도 초래할 수 있다. 남편의 그런 행동은 자연스러운 일이 아닐까 한다.

"그때는 정말 즐거웠어. 난 정말 기뻤어."라고 말하면 상관없지만, 상대의 실패나 과오를 들춰내며 "당신 때문에 이렇게 됐다.", "나는 잘못한 게 없다. 당신의 잘못이다", "당신이 그런 일을 하지 않았으면 더 좋았을 텐데."라고 말하는 것은 좋지 않다.

자신의 미래에 꿈이나 희망을 갖지 못하는 사람에게 이런 경향이 강하게 나타난다.

'미래에 이런 즐거움이 있다.' 라는 희망이나 꿈이 있는 사람은 예전의 싫었던 일들은 잊어버린다. 진취적인 마음이 없는 사람이 틈만 나면 예전의 싫었던 일을 들춰내고 반복한다.

꿈이 있는 사람은 말투도 밝다.

Key Point
지난 일을 들춰내서 상대를 책망해서는 안 된다.
- 진취적인 사람은 말투도 밝다.
- 꿈을 이야기할 때에는 누구나 밝은 말투를 쓴다. 꿈을 갖아야 한다.
- 지난 일을 들춰낼 때마다 상대는 '거북함'을 느낀다.
- 신혼부부를 생각하자. 행복한 사람은 행복한 마음이 말투에 나타난다.

♣ 언행의 지혜

변명은 하는 것이 좋은가,
하지 않는 것이 좋은가?

흔히 '서툰 변명은 하지 말라.'고 한다. 그러나 만약 우리가 전혀 변명을 하지 않고 산다면 어떻게 될까?

"저녁 차리기 귀찮으니까, 당신이 해요.", "싫어, 나도 귀찮아.", "그럼, 어떻게 해?", "당신이 차려.", "귀찮다니까?", "뭐라고!" 하고 부부싸움으로 발전할 것이다.

즉, '귀찮다.'라는 솔직한 심정이 싸움의 원인이 된 것이다. 그런데 변명만으로 대화를 하면 "나 몸이 안 좋은데 저녁은 당신이 차리세요.", "그러고 싶지만 미안, 나 지금 바빠서.", "그럼 나가서 먹을까요.", "그렇게 하지." 하고 원만하게 수습된다. 변명은 사람과의 싸움을 피하고 평화적으로 일을 해결하기 위한 지혜이다. 그중에는 의심스러운 변명을 하는 사람도 있다. 하지만 어설픈 변명이지만 적절히 하면 "그래? 그럼 어쩔 수 없네."라고 큰 분란 없이 수습할 수 있다. 적절한 변명을 하는 것은 인간관계의 지혜이다.

Chapter 7

밝은 말투로
꾸짖고
칭찬하기

왜 혼을 내는 것일까? 그 이유 중 하나는 그 사람의 결점을 고치기 위해서이다. 그리고 또 하나는 그 사람이 가지고 있는 장점을 한층 키워주기 위해서일 것이다.

그럼 혼을 낸 후에는 그 사람이 결점을 고치고 장점을 발전시키는 노력을 인정해야 할 때에는 "하면 되잖아, 대단한데, 훌륭한데."라고 칭찬해 주어야 한다.

1
꾸짖는 것이 능숙한 사람은 상대를 잘 납득시킨다

"몇 번을 말해도 똑같은 실패를 되풀이하다니 자네도 정말 대단하네. 자네 같은 사람을 부하직원으로 둔 나도 정말 행복한 사람이야."라는 식으로 빈정거리며 책망하는 사람이 있다.

"왜 이렇게 부하직원 때문에 골머리를 앓는 것인지, 정말 짜증나는군. 자네도 그렇게 생각하지 않나."라고 푸념하듯이 질책하는 사람도 있다.

"약속한 일은 책임감을 가지고 완수하지 않으면 곤란하잖나. 정말 부탁하네. 잘 좀 하게." 하고 애원하듯이 질책하는 사람도 있다.

어느 쪽도 '좋은 꾸짖는 방법'이 아니다.

능숙하게 꾸짖는 방법은 상대에게 '이것은 혼이 나도 어쩔 수 없다.'라고 납득시킬 수 있는지, 아닌지에 달려 있다. 그렇다고 해서 큰 소리를 치며 꾸짖으라는 것은 아니다. 좀 더 신중히 생각하고 배려심을 갖고 꾸짖는 것이 좋다.

신중히 생각한다는 것은 '어떻게 말하면 잘못했다는 것을 깨닫고 반성할까?' 라는 것을 생각하는 것이다. 배려라는 것은 어떻게 말하면 '잘 꾸짖었다. 지금 꾸중을 들은 일은 앞으로 자신을 위해서 유익했다.' 라는 것을 이해시키는 것이다.

Key Point

그저 꾸짖기만 하면 되는 것이 아니다. 상대방이 납득할 수 있는 꾸짖는 방법을 써야 한다.
- 기분이 나빠서 자신을 혼내는 것이 아니라 '꾸중을 들어도 어쩔 수 없다.' 라고 생각하게 해야 한다.
- '이번 꾸중은 나를 되돌아보는 계기가 되었다.' 라고 생각하게 하도록 꾸짖는 방법을 연구해야 한다.
- '자신을 위해 꾸중을 하고 있다.' 라고 생각하도록 해야 한다.
- 상대가 거부감을 느끼게 하지 말고 상대에게 도움이 되는 방법으로 해야 한다.

2
납득할 수 있는 꾸중과
납득할 수 없는 꾸중

'꾸중을 들어도 어쩔 수 없다.'라고 납득할 수 있으면 순수하게 "정말 죄송하다."라고 말하게 된다. 하지만 '내가 왜 그런 말을 들어야 하지.'라고 반발심만 유발하는 잘못된 꾸중도 있다.

다른 누군가와 비교하면서 꾸중을 할 때. "입사동기인 A를 보게. 저렇게 열심인데, 그에 비하면 자네는."이라고 꾸짖는 것은 '어차피 나는 안 돼, 흥.'이라고 자포자기 심정으로 만들어버린다.

"그래서 요즘 젊은 것들은 믿을 수가 없다니까?", "거봐, 어차피 여자란, 자신의 일에 애정이라곤 눈곱만큼도 없다니까?"라는 식으로 꾸짖는 사람은 인품이 의심스럽다.

전면적으로 부정하는 듯한 '무능한 사원.', '그래서 자네는 안 돼.', '왜 그리 멍청한가, 언제나 그 버릇을 고칠 건가?' 라는 식으로 꾸짖는 사람은, 먼저 거울을 보면서 꾸짖어 보기를 권한다.

"아직 미흡하군. 좀 더 분발해야겠군."이라고 꾸짖는 사람은 아무리 열심히 해도 일이 잘 풀리지 않는 부하직원의 심정을 헤아리고 있는 것인가? '도대체 얼마나 분발해야 칭찬을 들을까?' 라고 의욕상실을 초래한다.

능숙하게 꾸짖는 사람은 반드시 도망갈 길을 준비해 주면서 꾸짖는다.

Key Point

노력을 인정하지 않고 꾸짖는 방법은 금물이다. 인정할 것은 인정하면서 꾸짖어야 한다.

- 제삼자와 비교하면서 꾸짖어서는 안 된다. 그 사람만을 꾸짖어야 한다.
- 일방적으로 꾸짖어서는 안 된다. 죄는 미워해도 사람은 미워하지 말아야 한다.
- 막다른 곳까지 상대를 내몰아서는 안 된다. 명예를 만회하고 기회를 주도록 해야 한다.
- 칭찬할 것은 칭찬하고 나서 혼을 내야 한다. 노력을 인정하지 않는 꾸중은 금물이다.

3
혼을 낸 후에는 어떻게 해야 하는가?

　혼을 낸 후에는 혼을 낸 쪽이나 혼이 난 쪽 모두가 서먹서먹해진다. 거리낌 없이 "일은 어떻게 잘되어가나?"라고 말을 걸지 못하는 경우가 많다. 이런 서먹서먹한 상태는 빨리 해소하지 않으면 안 된다.
　혼을 내는 것이 서툰 사람은 혼을 내기만 한다. 하지만 혼을 내는 것이 능숙한 사람은 혼을 낸 후에도 반드시 적절히 풀어준다.
　나(필자)의 지인 중 B는 불같이 혼을 내는 것으로 유명했지만, 반드시 혼을 낸 후에는 크게 칭찬해 주는 것을 잊지 않았다. 그래서 혼을 낸 쪽이나 혼이 난 쪽도 응어리가 남지 않았다.
　왜 혼을 내는 것일까? 그 이유 중 하나는 그 사람의 결점을 고치기 위해서이다. 그리고 또 하나는 그 사람이 가지고 있는 장점을 한층 키워주기 위해서일 것이다.

그럼 혼을 낸 후에는 그 사람이 결점을 고치고 장점을 발전시키는 노력을 인정해야 할 때에는 "하면 되잖아. 대단한데, 훌륭한데."라고 칭찬해 주어야 한다. 이것이 가능했던 사람이 B였다.

만일 아무도 칭찬해 주지 않는다면 자기 스스로 "방식을 바꿨습니다. 그래서 이렇게 됐습니다."라고 보고를 하면 어떨까 한다. 이후에 그 사람이 혼을 내는 방식도 바뀔 것이다. 대놓고 "안 돼, 그런 방식으로는."이 아니라 "음, 이렇게 하면 좋지 않은가? 나라면 이렇게 해보겠네."라고 부드럽게 권유하는 방식으로 바뀔 것이다.

Key Point

혼만 내서는 안 된다. 반성하고 개선된 점이 있으면 크게 칭찬해 줘야 한다.
- 혼을 낸 후에 관계가 서먹해지는 것은 풀어주지 않기 때문이다. 혼을 낸 상대에게 신경을 써야 한다.
- 감정에 휘둘려 혼을 내지 말고 무엇 때문에 혼을 내는지를 생각해서 혼을 내야 한다.

- 그 사람의 실패만 주목하기 때문에 혼만 내게 된다. 칭찬할 점도 찾아보려는 노력을 해야 한다.
- 혼만 내서는 사람은 성장하지 못한다. 혼을 내고 칭찬하기 때문에 한층 성장하는 것이다.

> 4
> 혼내는 것이 서툰 사람은
> 상대를 보지 않고 혼낸다

혼이 나면 '그런 말을 듣고 가만히 있을 수 없다.'고 분발하는 계기로 삼는 사람을 지켜보고 있는 것은 기분 좋은 일이다. 아무리 혼을 내도 꿈쩍도 하지 않는 사람은 때로는 따끔하게 "대체 뭐하고 있는 거야!" 하고 일침을 가하는 방법도 필요하다.

하지만 혼을 내면 깊이 고민하는 타입의 사람에게는 하나씩 소상하게 설명하고 "알았어? 앞으로 주의하게."라고 말하는 것이 좋다.

상대방이 어떤 성격인지를 파악하고 혼을 내는 것이 중요하다. 아무에게나 '바보 같은 사람'이라는 식의 한 가지 패턴을 쓰는 것은 혼을 내는 것이 서툰 사람이 하는 행동이다.

또 상대방이 자신에게 호의를 가지고 있는 사람인지 아닌지, 더욱이 속으로 '저 사람과는 아무래도 잘 지낼 수가 없다. 나와는 맞지 않는 사람이다.' 라는 거부의식을 가지고 있는 사람에게도 혼내는 방식을 바꿔야 한다.

　호의적인 상대라면 조금 거친 말을 해도 신뢰관계는 훼손되지 않는다. 그러나 서로의 속마음을 잘 모르는 상대에게는 혼을 내기보다는 자상하게 이야기해 주는 말투를 쓰는 것이 무난하다.

Key Point

누구에게나 같은 방식으로 혼내지 말고 상대에게 맞는 방식을 써야 한다.
- 나쁜 상사는 혼을 낼 때 자신의 성격을 드러내지만 좋은 상사는 상대의 성격에 맞춘다.
- 분발하는 타입은 크게 혼을 내고, 고민하는 타입에게는 깨우치도록 혼을 내야 한다.
- 흥분하기 쉬운 타입에게는 진정시키는 듯이 혼을 내고, 태만한 타입은 따끔하게 혼을 내야 한다.
- 자신과 성격이 맞지 않는 타입일수록 신뢰관계가 무너지기 쉽기 때문에 배려하면서 혼을 내야 한다.

5
사소한 일까지 혼을 내면 역효과가 된다

일단 혼을 내기 시작하면 평소의 불만들까지 쏟아내고 사소한 일들까지 들춰내게 된다. "보고서가 오자투성이잖아."부터 시작해서 "자네에게는 일에 대한 진지함이 보이지 않는다. 오자뿐만 아니다. 지난달 매출 목표치도 달성하지 못했고, 이번 달도 위험하잖아. 어떻게 할 건가?", "들은 바에 의하면 매일 밤늦게까지 술을 마시고 다닌다고? 직장에서는 잠만 자고, 그래서는 곤란하네. 며칠 전에는 복도에서 전무님을 보고도 인사를 하지 않았다고 하더군. 자네는 도대체 사회인으로서 예의범절도 모르는가?"까지 온갖 일들을 들춰낸다.

하지만 이런 온갖 사소한 일들까지 들춰내서 혼을 내는 방법은 혼이 나는 쪽에게 '어차피 나는 무엇을 하든 안 돼. 아, 의욕이 점점 없어진다.'라는 심리를 일으키는 역효과를 초래한다.

　사람을 혼낼 때에는 인내가 필요하다. 이것도 혼을 내고 저것도 혼을 내고 싶다는 마음을 억제하고, 먼저 '이것만큼은 바로 개선하는 것이 좋다.' 라는 것 하나에 초점을 맞춰서 분명하게 혼을 내야 한다. 그 이외의 것을 언급하고 싶은 것은 참아야 한다. 그리고 그 '한 가지'를 반성하고 개선을 했다면 칭찬을 해준다.

　'나도 할 수 있다.' 라고 자신감을 갖게 한 후에 '다음 것'을 혼내면 좋다.

Key Point

이것도 저것도 혼을 내지 말고 한 가지만을 확실히 혼을 내야 한다.

- 따끔하게 혼을 낼 때일수록 인내가 필요하다.
- 자신의 울분을 풀기 위해 다른 사람을 혼을 내서는 안 된다. '그 사람을 위해서'라는 점을 잊지 말고 혼을 내야 한다.
- 너무 지나친 말은 삼가는 것이 좋다. 적절한 선에서 혼내는 것을 멈춰야 한다.
- 같은 일을 반복해서 혼을 내는 것은 금물이다. 한 번 혼을 내면 한참 동안은 입에 담지 말아야 한다.

6
조언처럼 혼내는 것이 상대방에게 좋다

"다른 사람도 생각하게 주위사람들이 자네를 어떻게 생각하고 있는지 알고 있나?"라는 식으로 혼을 내면 '자기도 다른 사람에게 피해를 주는 일을 많이 하고 있으면서. 지금 나한테 이러는 것도 피해를 주는 거야. 뭐야, 자기는 얼마나 잘나서.' 라고 반발심만 살뿐이다.

혼을 낸다는 것은 상대를 해치운다는 뜻이 아니다. 오히려 '이렇게 하면 주위사람들은 기뻐할 것이다.' 라고 혼내는 것이 상대가 받아들이기 쉽다.

"자네가 회의에 늦게 와서 다른 사람들이 곤란해 하고 있지 않나."가 아니라 "언제까지 일을 끝마친다고 약속하고, 그대로 이행하면 자네의 업무능력을 높게 평가하는 사람이 늘어날 것이네."라는 것이 상대에게 의욕을 고취시키기에 좋다.

덧붙이자면 '이것은 하지 마라.'가 아니라 '이렇게 하는 것이 좋다.'라는 조언 형식으로 혼을 내는 것도 방법 중 하나이다.

Key Point

상대를 해치우려고 혼을 내는 것이 아니라 제안형식으로 혼을 내야 한다.
- 상대를 해치우려고 하지 말고 생산적으로 '이렇게 하는 것이 좋다.'라고 혼을 내야 한다.
- 비판적으로 혼을 내지 말고 제안형의 '이렇게 하는 것이 좋다.'라고 혼을 내야 한다.
- 상대가 수치심을 느끼게 혼을 내지 말고 상대의 의욕을 이끌어 내도록 혼을 내야 한다.
- '몇 번이나 똑같은 실패를 해야 속이 시원한가?'라는 말을 하는 사람은 혼을 내는 것이 서툰 사람이다.

7
작은 성장이라도 칭찬해야 한다

누구나 '예전에 비해 한층 좋아졌다.'라는 칭찬을 들으면 대단히 기쁘다. "다이어트를 하신다고 들었는데, 야위셨네요. 열심히 하셨나 봐요.", "바둑 실력이 늘었네요. 공부를 많이 하셨나 봐요.", "예전에 비해서 훌쩍 어른스러워졌군요. 어엿한 성인인데요.", "발전했네요. 이 정도까지 해내다니, 이젠 어엿한 성인이네요."와 같은 칭찬을 들으면 누구나 기뻐할 것이다.

자신이 조금이라도 발전하고 성장하고 있다는 것을 누군가 칭찬해 주면 자신감을 가질 수 있고, '좋았어, 더 분발해야지.'라는 의욕도 생긴다.

물론 다른 사람보다 뛰어난 능력이 있으면 좋겠지만, 그 사람이 자기 나름대로 노력을 해서 조금이라도 성장한 점이 있으면, 그것은 충분히 '잘했다.'는 칭찬을 들을 만한 일이다.

그러기 위해서는 잘 관찰해야 한다. 사람은 식물과 같아서 조금씩밖에 성장하지 못한다. 아주 자세히 관찰하지 않으면 '뭐야, 어제와 하나도 달라진 게 없잖아.' 하고 놓치게 되는 것이다. 하지만 실제로는 아주 조금씩 성장을 하고 있는 것이다.

그것을 깨닫고 칭찬해 주어야 한다. 다시 말하면 그만큼의 성장을 관찰할 수 있는 눈을 갖도록 노력해야 한다.

Key Point

'무언가 칭찬해 줘야지.' 하고 생각하면서 타인과 교제하는 것이 좋다.
- '열심인 것 같지만 아직 미흡하다.'가 아니라 그 노력을 칭찬해 줘야 한다.
- 평균치 이하라고 혼을 내지 말고 조금이라도 좋아졌을 때는 크게 칭찬해야 한다.
- 사람의 결점을 찾아내는 것이 인간관찰력이 아니다. 관찰력이 있는 사람은 장점을 볼 줄 안다.
- 혼낼 것만을 생각하고 있기 때문에 사람의 결점밖에 보이지 않는 것이다.

8
칭찬의 말도 지나치면 아부처럼 들린다

칭찬방식이 지나치면 오히려 속이 뻔히 들여다보이는 거짓말처럼 들린다.

"당신 같은 미인은 본 적이 없어요. 왜 배우가 되지 않았어요? 배우가 되면 당장 대스타가 될 수 있었을 텐데요."라는 말은 듣는 관점에 따라서는 여배우가 될 재능 따위도 없고, 평범한 인생을 살 수밖에 없는, 그 여성에 대한 놀림으로도 들릴 수 있다.

칭찬하는 만큼 사람이 기뻐하는 것은 아니다. 오히려 역효과를 초래하는 경우가 많다. 성희롱이라고 느끼는 여성조차 있을 것이다.

지나친 칭찬방식을 쓰는 사람은 인간관찰력이 부족하다. 상대가 어떤 사람인지 생각하지 않고, 예를 들어 여성은 모두

'미인이다. 젊다.'라고 말하면 기뻐한다고 생각한다. 이것이 관찰력 부족의 증거이다.

　인간관찰력이 없는 사람의 칭찬은 일반론에 빠지기 마련이다. 그 사람 특유의 개성을 칭찬하면 어떨까 한다. "좋은 넥타이네요."로 끝내지 말고 "당신과 같은 밝은 성격에는 이런 넥타이가 어울리는군요."라거나 "직접 고르셨나요? 안목이 높으시네요."라고 덧붙인다. 아주 사소한 이런 말에 상대방은 기뻐한다. 또 한 가지 "좋네요. 멋지네요."라는 말만으로 끝내서는 안 된다. 어디가 좋은지, 어디가 훌륭한지, 구체적으로 칭찬하는 것도 상대방을 기쁘게 하는 방법이다.

Key Point

관찰력이 없는 사람은 균형 잡힌 칭찬을 할 수 없다.
- 지나치게 과장된 칭찬은 속이 뻔히 들여다보이는 거짓말처럼 들린다.
- 겉모습만 칭찬하면 속물처럼 보인다. 취미나 인격 등도 칭찬해야 한다.
- 상대방이 자신감을 가지고 있는 점을 칭찬한다. 열등감을 느끼고 있는 점을 칭찬하는 것은 금물이다.
- '미인, 멋있다, 우수하다.'라는 일반론으로 칭찬해도 효과는 없다. 개성을 칭찬해야 한다.

9
칭찬에 인색한 사람은
철이 없다는 증거이다

'저 사람은 대단해.'라고 생각하면서도 그것을 칭찬하려고 하지 않고 의도적으로 무시하려는 사람이 있다.

다른 사람이 "이 분야에서는 단연 저 사람이 최고이다. 전문가 뺨칠 정도이다."라고 칭찬하면 "아니야, 좀 다른 각도에서 볼 필요도 있어."라고 말허리를 자른다든지, "지금은 저 사람은 우리와 상관없어. 지금 중요한 건." 하는 식으로 화제를 바꾸려고 한다.

이런 사람은 자신이 칭찬을 듣는 일 외에는 관심이 없다. 그래서 다른 사람이 칭찬을 받는 것을 참을 수가 없는 것이다. 이것은 정신적으로 성인이 되지 않은 사람의 전형적인 심리경향이다.

열심히 노력한 사람을 인정하고 칭찬할 수 있는 사람은 그만큼 정신적으로 성숙한 사람이자 올바른 이성과 판단력을 가진 사람이다.

상대방이 어느 정도 되는 인물인지를 파악하는 방법이 있다. 그 사람이 다른 사람을 칭찬할 수 있는 사람인지, 아니면 칭찬은 고사하고 흠집만 잡으려는 사람인지를 잘 관찰해 보면 알 수 있다.

Key Point

다른 사람을 칭찬할 수 있는 사람이 '진정한 성인'으로 인정받는다.
- 자신이 칭찬받는 것만 생각하면 질투심에 빠진다.
- 자신이 칭찬받는 것만 생각하면 다른 사람의 뒷덜미만 잡는다.
- 자신이 칭찬받을 것만 생각하면 인간적인 성장이 멈춘다.
- 자신이 칭찬받을 것만 생각하지 말고 다른 사람을 칭찬할 수 있는 사람이 되어야 한다.

> 10
> 앞에서 하는 칭찬보다
> '뒤에서 하는 칭찬'이
> 효과적이다

　칭찬을 하려면 많은 사람들 앞에서 칭찬하라는 말이 있다. 부하직원을 따로 불러서 "잘했네, 수고했어." 하고 칭찬하는 것보다 전체 회의 때 사람들 앞에서 칭찬하는 것이 그 사람에게 "기대에 부응하도록 앞으로 더욱 분발하겠습니다." 하고 한층 의욕이 생기게 할 것이다.

　어떤 회사에 상사와 호흡이 맞지 않는 여직원이 있었다. 아무리 열심히 해도 인정해 주기는커녕 혼만 낼 뿐이다. '어차피 아무도 나에게 기대 따위는 하지 않는다.'라고 생각하고 있던 어느 날, 전무님으로부터 이런 말을 들었다. "그 사람이 자네를 보고 터프하고 열심히 노력하는 직원이라고 칭찬을 했네. 좀 더 경험을 쌓으면 앞으로 더 큰일을 맡겨도 되겠다고."

　이 여직원은 크게 감동을 받았고 그 상사에 대한 인상이 완전히 바뀌었다고 한다.

바로 '뒤에서 칭찬하기'이다. 이 칭찬방식도 아주 효과가 있다. 어떤 심리학 실험에서는 직접 칭찬하는 것보다 뒤에서 칭찬하는 것이 상대가 느끼는 기쁨의 정도는 더 크다고 한다.

한편 칭찬은 그 타이밍이 어렵다고 한다. 재작년 영업실적을 두고 "작년에는 수고했네."라고 말을 해서는 본인이 느끼는 기쁨은 반감될 것이다. 경우에 따라서는 "작년은 좋았는데 올해는 완전히 엉망이군."이라는 말처럼 들리기도 한다. 칭찬을 한다면 바로 그 자리에서, 즉시 칭찬해야 한다.

Key Point

칭찬을 했다고 해서 다 좋은 것은 아니다. 다양한 칭찬방식을 익혀둬야 한다.

- 칭찬을 하려면 여러 사람들 앞에서 해야 한다. 하지만 다른 사람들이 그 사람을 질투하거나 시기하지 않도록 주의해야 한다.
- 칭찬을 하려면 본인에게 직접 해야 한다. 하지만 제삼자를 통한 칭찬도 효과적이다.
- 칭찬하는 타이밍을 놓치지 말아야 한다. 시기를 놓치면 칭찬도 역효과가 될 수 있다.
- 사람에 대한 칭찬방식은 다르다. 상대의 성격, 상황을 고려해서 칭찬방식을 바꿔야 한다.

11
사소한 칭찬의 말에 상대는 감동한다

영화감독인 Y씨가 어느 여배우와 처음 함께 일을 할 때 이런 일이 있었다고 한다. 촬영을 끝낸 여배우에게 감독이 "수고했어요."라고 한마디를 했다. 그러자 그 여배우는 살짝 웃으며 "감독님(당신)과 또 함께 작업을 하고 싶어요."라고 말했다. 멋진 답례의 말이다.

이 '당신과' 라는 말도 칭찬이다. Y 감독의 능력을 높게 평가했기 때문에 자연스럽게 입에서 나온 것이다.

게다가 '당신과는 일하기가 편하다.', '의논하고 싶은 것이 있다.' 라고 하는 것도 칭찬이다. 양쪽 모두 상대의 능력을 인정하고 있다는 속뜻이 전해지고 있다. 아무렇지 않게 건네는 말 한마디의 위력이다. '당신은 대단하다.' 라는 직접적인 칭찬의 말보다 칭찬받는 사람의 기쁨은 한층 더 클 것이다.

수줍음을 타는 사람에게는 칭찬을 하거나 칭찬받을 때에도 이런 과장되지 않은 칭찬방법을 쓰는 것이 안성맞춤이다.

한편 감사하다는 칭찬방식도 있다. '고맙다, 당신 덕에 일이 잘 풀렸다.' 라는 칭찬방식이다. 이 말의 이면에는 '당신은 일을 할 때 꼼꼼하고 신중하게 한다.' 라는 의미가 담겨져 있다.

또 기대한다는 칭찬방식도 있다. '당신에게 큰 기대를 하고 있다.' 라는 말투이다. 당신은 뛰어난 재능을 가지고 있고, 노력가라는 칭찬의 말이 담겨져 있다.

믿는다는 칭찬방식도 있다. '이 일은 당신에게밖에 맡길 수 없다. 잘 부탁한다.' 라는 말은 '당신의 기술이나 경험을 인정하고 있다.' 라는 의미이다.

조언을 구하는 칭찬방식도 있다. '조금 지혜를 빌리고 싶다.' 라는 말이다. 당신은 이 분야에서 전문가이다, 이 건에 관해 지식은 당신이 최고이다, 하고 말하는 것과 마찬가지이다.

마지막으로 나(필자)는 '사람을 보면 칭찬하라.' 고 말하고 싶다. 사람을 활용하기 위해 칭찬을 하는 것이다. 사실은 그렇게 함으로써 당신이 빛나는 것이다. 당신의 칭찬에 대해 이번에는 상대가 당신의 좋은 점을 발견해서 칭찬해 줄 것이다.

서로 자연스럽게 칭찬하도록 노력하면 어떨까 한다. '당신은 대단하다.' 라고 대놓고 칭찬하는 것이 아니라 지금 말한 것처럼 '감사하다.', '덕분에 일이 잘 풀렸다.'라는 말로 자연스럽게 상대를 칭찬한다.

누군가를 통해서 칭찬하는 것을 '뒤에서 칭찬하기'라고 했다. 그에 비해 이쪽은 '숨겨서 칭찬하기'라고 할 만하다. 정말로 말하고 싶은 것은 이면에 숨기고 말하는 것이다.

평소의 일상 대화에서 "당신은 소중한 사람이다."라는 마음은 겉으로 드러나지 않지만 서로 간에는 '느끼고' 있다. 그런 대화방식을 유념하고 있으면 사람과 사람 간에 '굳건한 그 무엇'이 생길 것이다.

기품 있게 말버릇 바꾸기

1판 1쇄 발행 ‖ 2019년 7월 10일

●

지은이 ‖ 사이토 시게타
옮긴이 ‖ 강성욱
펴낸이 ‖ 김규현
펴낸곳 ‖ 경성라인
주 소 ‖ 경기도 고양시 일산동구 백석2동 1456-5
전 화 ‖ 031) 907-9702   FAX ‖ 031) 907-9703
E- mail ‖ kyungsungline@hanmail.net
등 록 ‖ 1994년 1월 15일(제311- 1994-000002호)

●

ISBN ‖ 978-89-5564-176-9 (03320)

● 책값은 뒤표지에 있습니다.
● 잘못 만들어진 책은 구입하신 곳에서 바꾸어 드립니다.
● 경성라인은 밀라그로의 자회사입니다.
● 이 책은 '누구나 쉽게 통하는 밝은말투' 의 개정판입니다.